敗者的美學

茂呂美耶
Moro Miya

戰國日本 II

戰國日本 II

敗者的美學

目次

75

第四話

女中豪傑的東國戰華

甲斐姬

不讓鬚眉的關東第一美女

性格剛強的甲斐姬每次聽聞石田聯合軍進攻時，
總是身穿粉紅碎花甲冑，披著緋紅披風，
腰佩家寶名刀「浪切」，手持銀色麾令旗，
騎黑馬帶頭衝至前線。

99

第五話

智勇兼備的義愛賢臣

直江兼續

與上杉景勝共譜最感人的君臣佳話

兼續從小便和景勝一起接受教育，
自然也和景勝一樣看著謙信的背影長大，
兩人都深受謙信的影響。
只是，景勝以沉默當保身面具，
兼續則以口才為主君出氣。

131

第六話

奧州軍團的獨眼飛龍

伊達政宗

予生也晚、無緣霸業的雪國戰將

秀吉的手段是「胡蘿蔔加大棒」的懷柔政策，
政宗的做法則是
「上有政策，下有對策」的變化球原理——
他內心想達成的願望是「東北地方獨立國」。

179

第七話

誓死不二的悲劇智將

石田三成

為豐臣家拋頭顱的忠臣

當朝的勝者，不一定能成為歷史的勝者；
歷史的敗者，也不一定會遺臭萬年。
石田三成在這世上雖只活了四十一年，
卻在滾滾歷史濁流中留下一道清流。

前言◎歷史是知性推理遊戲

我想，大部分人在學生時代應該都不喜歡歷史課。我也是。想當年為了應付考試，為了死背那些歷史大事年表，真不知摔過幾次歷史課本。

那我到底自何時迷上歷史呢？這和我以前迷上現代推理小說有關。高中時代至三十五歲左右，我讀的小說幾乎全是現代推理小說。而且不限日本推理小說，英、美翻譯推理小說也不放過。

後來不知為何，我對現代推理小說不再感興趣。可能因為讀太多，反倒膩了；也可能因為時代變了，很難再找到「作家提供線索讓讀者解謎」的本格推理小說。不過，奇幻小說、恐怖小說、懸疑小說、時代小說、歷史小說之類的讀物卻始終百看不厭。畢竟上述小說中幾乎都有推理因素存在。

歷史小說中又有個「歷史推理」類別，小說內容主要描述歷史上某一起著名事件或懸案，而且幾乎所有讀者都知道小說中的主角以及事件的來龍去脈。但小說家應用各種現有的真實史料，有時再創造幾個虛構人物，讓真實與虛假混淆，以推理小說方式重新架構歷史事件，並進行考證，繼而展現自己對該歷史事件或懸案的觀點。這種歷史推理小說非常有趣。

倘若讓十位歷史推理小說家動筆寫同一起歷史懸案，真相可能就有十種。小說家從眾多史料中找出他們想要的蛛絲線索，再條條有理地將這些線索聯繫起來，最後演繹歸納出自己的結論。

讀者在事前當然已知道該歷史事件的結果。花錢買歷史推理小說的目的，主要是想看看小說家會如何整理史料、如何由果以溯因、如何從大眾已知的答案反求該案件的真相。

比如說，一加一等於二；但如果只給你一個答案「二」，讓你去填前面的數學公式，你是不是會興趣大增？畢竟答案是「二」的數學公式並非只有加法。

這大概正是我逐漸遠離現代推理小說，轉而迷上歷史推理小說的主因吧。

正如人死不能復生，歷史事件的結果永遠不變，但該事件的過程和真相卻有無數種可能性。這種遊戲不是很好玩嗎？

舉例來說，日本戰國時代的著名茶人千利休，因得罪了豐臣秀吉被迫切腹自殺，這是不變的結果。但豐臣秀吉為何命千利休切腹呢？至今仍沒有人知道真正理由，連專家學者也眾說紛紜。

或許有人會說，既然千利休都死了，幹嘛追查他為何切腹自殺的理由。這正是歷史推理迷願意掏腰包買歷史推理小說的原因。甲作家和乙作家從同樣史料中推理得出的真相絕對不一樣，十人十色，非常有趣。

只是，該如何判斷哪位作家對哪一起歷史事件的推理真相最具說服力，則全看讀者具有多少歷史知識存檔。也因此，歷史推理小說亦是小說家和歷史迷讀者之間的一種隱形知性競技遊戲。

追查某歷史事件時，我們不能只鎖定與該事件有關的人物與發生年代。例如有一對情侶在今年分手，我們能說那對情侶在今年某月因某事吵架所以決定分手嗎？事情有這麼簡單嗎？分手的理由可能還要追溯到過去累積的種種因素，甚至牽涉到彼此的親人和朋友。

千利休被迫切腹的例子也一樣。為何天下人的豐臣秀吉會如此重懲一庶民身分的茶人？

我們若拋開豐臣秀吉和千利休的身分對比，只追索「茶人」這條線索，並仔細翻閱與茶道有關的史料書籍，便可以發現此事件和織田信長死於本能寺的事件有關。

按歷史結果看，率兵襲擊本能寺的當事人是明智光秀。但前一天夜晚，織田信長在本能寺舉辦茶會，接著變成酒會，最後是圍棋對弈。本能寺事件發生時，參與茶會的公卿、富商與茶人均自現場逃脫，並順手牽羊帶走織田信長珍藏的掛軸。

織田信長死於一五八二年，所有人都認為掛軸也在本能寺燒毀。

然而，八、九年後，千利休主辦的茶會中突然出現眾人認為早在本能寺燒毀的掛軸時，秀吉看到後作何感想呢？是不是會心生疑惑，重新暗地調查本能寺之變的幕後陰謀？即便千利休與本能寺之變無關，秀吉是否會懲一儆百，再不為人知地逐一處死相關茶人，順便滅掉當時財界富商和茶人聚集的自治都市堺呢？

從「茶人」這條線索追查，會得出與一般說法完全不同的另一種真相：

原來織田信長死在當時的財界人手上。

如此換個角度追查下去，歷史是不是就變成非常有趣的知性遊戲呢？

只是，讀者若不知道千利休是何人，亦不清楚織田信長是怎麼死的，這場遊戲就玩不起來。因此我才會說，歷史推理讀物是作家和讀者之間的隱形知性競技遊戲。

◆◆◆

動筆寫這部書之前，我原本預計依循第一部《戰國日本》的構成，將篇目分為軍師、背叛、友情、親情、暗殺等幾大類，再以人物為主，闡述並推理日本戰國時代的各種懸案。不料，寫著寫著，最後竟變成七個人物。

主編要我寫一篇前言，說明為何選擇這些人物為主角的原因。

坦白說，並非我刻意選擇這些人物，而是寫完一篇後，腦中自然會浮出和上一篇文章有密切關係的人物。除了〈甲斐姬〉是萬綠叢中一點紅，其他人物均是一體關係，沒法分開。

既然以人物為主，我就不能輕描淡寫地只介紹他們的生平，至少要說明事件背景和當時的風俗習慣，並按歷史推理迷的慣例進行考證，最後總結出我的看法。

寫到最後，我才發覺原來我選了這七個人物。但我發誓，這七個人物不是我刻意挑出，而是他們自己跳出來要我寫的。

無奈字數有限，許多細節只能跳過。即便省略不少相關事件，我仍有點擔心對外國讀者來說，內容會不會太深入？畢竟對漢文圈讀者來說，這不是耳熟能詳的中國歷史，而是用中文寫成的外國歷史。

倘若讀者能咀嚼並消化這部書的內容，我便有信心繼續寫《戰國日本Ⅲ》。

請各位多多捧場並鼓勵，讓出版公司持續出版此系列的後續書。

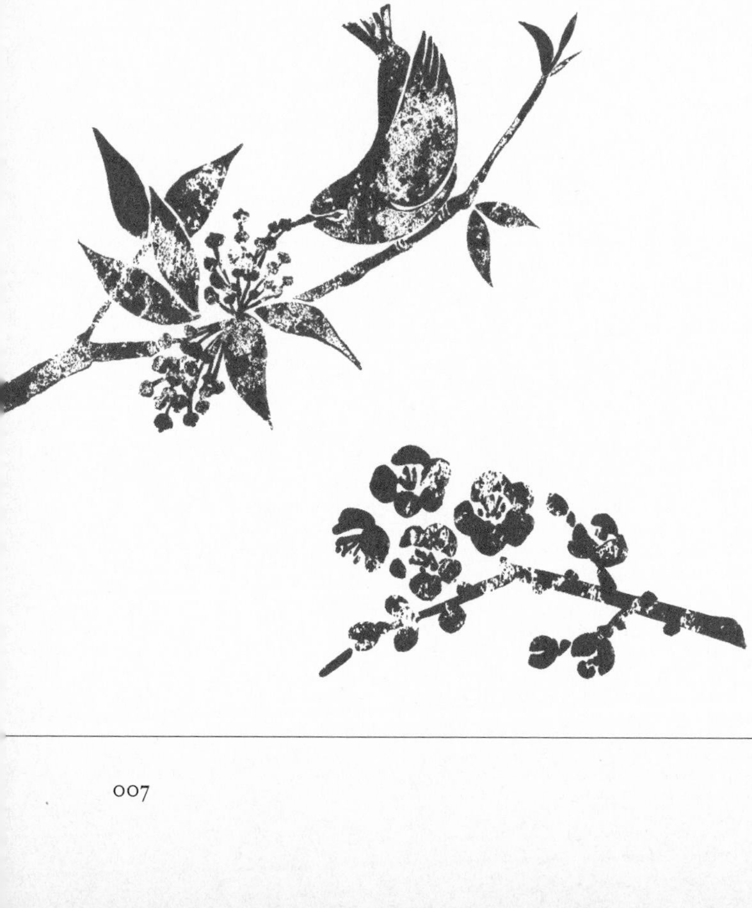

第一話

獨眼跛腳的燿星參謀

山本勘助

やまもと かんすけ Yamamoto Kansuke

武田信玄身邊不能少的人物

◉ 甲越勇將傳／武田家二十四將／山本勘助入道鬼齋晴幸／歌川國芳

實實在在的存在

提到日本戰國大名「甲斐之虎」武田信玄，日本人通常眼前會浮現身穿深紅甲冑，高舉「風林火山」軍旗的騎兵隊，同時也會反射性地聯想到山本勘助。

過去有許多日本學者主張山本勘助是虛構人物，但自從一九六九年在北海道發現武田信玄的親筆書信，二〇〇八年又出現幾份新史料之後，便沒有人再否定山本勘助的存在。然而，學者雖不再為「山本勘助是虛構人物」的問題而口沫橫飛，卻不約而同將矛頭指向「山本勘助是否真是軍師」這點，各執己見爭議得如口吐泡沫的螃蟹。

目前日本專家已承認歷史上確實有山本勘助這個人，但也有人主張他應該是傳送武田信玄書信的使節，而非民間傳說中的軍師。

只是，上述那封出自北海道釧路的武田信玄書信史料，發信年代是一五五七年六月，剛好在第三次「川中島合戰」開戰之前。信中不但提到「川中島合戰」軍事情勢，信末還說明由山本勘助負責口傳詳情。由此可以想見山本勘助不但是傳達書信的使節，亦是武田信玄的親信之一。

再說，以戰國迷的立場來看，武田信玄身邊若少了個山本勘助，這齣戲可就一點都不好玩了。因此，無論山本勘助是武田信玄的軍師或傳送機密書信的重要使節，為了不讓戲班子坐冷板凳，以下有關山本勘助和武田信玄的敘述均根據《甲陽軍鑑》一書。

◉《甲陽軍鑑》：江戶時代初期的甲州流派著名兵書

◉《甲陽軍鑑》內的插圖

《甲陽軍鑑》是江戶時代初期的甲州流派著名兵書，大約在戰國時代結束四十年後寫成，全書總計二十卷五十九品。原為武田家老臣高坂昌信的口述遺稿，後來由武田家遺臣亦是甲州流派創始人的小幡景憲編撰成書。

小幡景憲生於一五七二年，一六六三年去逝。

結束戰國時代的「關原合戰」是發生在一六〇〇年，德川家康於一六〇三年設立長達二百六十餘年的德川幕府政權，小幡景憲剛好夾在戰國時代與江戶時代的過渡期，不但耳聞目睹戰國時代末期的干戈，也親身經歷到江戶時代初期的混亂，因此《甲陽軍鑑》雖有不少自相矛盾的描述，但總的說來，史料價值仍舊很高。日本歷史小說家在寫戰國時代事跡時，通常會參照《甲陽軍鑑》。「武士道」一詞亦出自《甲陽軍鑑》。

信玄慧眼識獨眼

山本勘助生於三河國（愛知縣）。幼時患天花，臉上全是凹坑痘疤。二十歲時離開故鄉，周遊諸國研習兵法。流浪期間，足跡遍及天下各地，每到一處，必定前往當地古戰場，鑽研古人戰略，並畫下各座古城詳圖，研究城池建構和守城攻城法。此外還探查諸國政治實情及地土風俗，積極造訪各地名將與其討論兵法。

這期間，他拚命尋求願意收容自己的主君，在京都曾找過足利將軍，在中國地方則探訪毛利家和大內家，其他還有九州的大友家、山陰的尼子家、奧羽的南部家、相模的北条家……卻都因其貌不揚又跛腳，全遭拒絕。

窮途潦倒的山本勘助最終回到故鄉，將最後一線希望寄託於駿河太守今川家。此時他已四十出頭，膚色黝黑，原本佈滿凹坑痘疤的臉上又多加幾道傷痕，除了跛腳還失去隻眼，手指也殘疾，可以說滿身瘡痍。

今川義元的家老之一朝比奈兵衛尉（朝比奈信置）和山本勘助是知己，極為欣賞山本勘助的苦學成果。他向主君推薦：

「此人京流劍術高超，精曉佈陣，尤其擅長築城技術，具有守城攻城的非凡才能，是不可多得的大剛者（非常剛強之意）。」

◉ 滿臉坑疤又跛腳的山本勘助

駿河大守今川義元既沒有聽從家老的建議，也不曾實際召喚山本勘助面談，只派人去探聽勘助的風評。得出的結果是：

「這人是殘疾者。矮個子，獨眼跛腳，形貌醜陋，從未出仕任何名將也從未當過城主，連一個提草履的下人都養不起，怎麼可能知悉守城攻城兵法？」

如此，山本勘助在駿河待了九年多，始終不得志。這期間，山本勘助雖然有過幾次劍術功績，但當時流行新當流劍術，不把京流看在眼裡，以致他一直寄居在今川義元的家臣庵原忠胤宅邸，雌伏度日。

古語有云，凡人不可貌相，海水不可斗量。但是，連孔子都會以貌取人，王爾德也說「只有膚淺的人才不會以貌取人」，可見以貌取人並沒有錯，這應該是大部分人的人生經驗總結。何況「貌」並非單指五官長相，還包括全身散發的氛圍以及彼此對不對盤的問題，毫無準則可言。

今川義元錯在他不信任家老的眼光。試想，家老是大名的重臣，各自統帥各部門的所有家臣，掌管領地的繁瑣事務，是執政核心人物，這種地位的人怎麼可能只憑和對方有交情就隨便向主君推薦人才呢？另一點，今川義元錯在沒有親自和山本勘助面談。即便以貌取人，至少也得和對方交談再下判斷為佳吧。

天文十二年（一五四三）正月三日，武田家眾家老聚集在信玄的根據地躑躅崎館（山梨縣甲府市古府中町，現為武田神社），商討該年的軍備事項。眾人提到國境的築城問題，一致認為築城的首要關鍵是設計和地理位置，只要這兩項不出漏洞，即能以三百守城兵對抗一千攻城兵。信玄問眾人：

「領地內有無築城人才？」

此時，家老總管板垣信方（板垣信形，武田四天王之一）向信玄推舉了三河國的山本勘助。二十三歲的信玄不假思索便說：

「好，給他一百貫俸祿，帶他來見我。」

古時的錢幣中央有洞，用繩子串成一千文便是一貫，換算為稻米至少是一石（十斗）；信

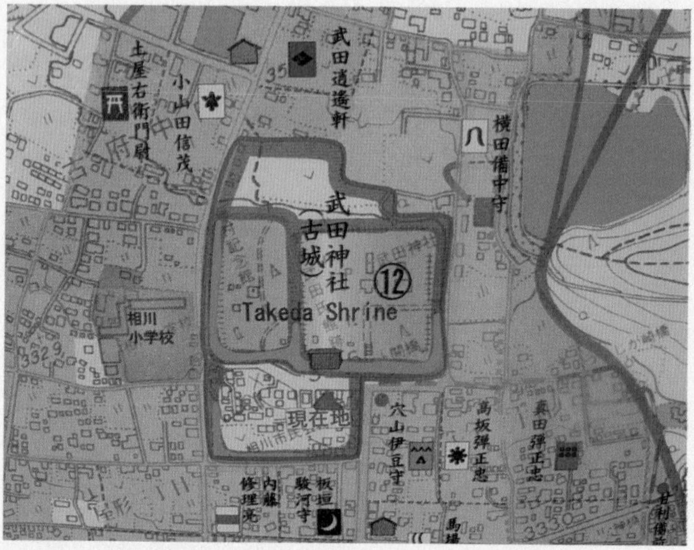

◉ 信玄的根據地躑躅崎館古地圖，現為武田神社

玄用一百貫俸祿聘請新人，可謂破格高薪。而且信玄很體貼，還命板垣準備馬匹、弓箭、長矛、綢衣、隨侍等，讓勘助在中途換裝，以便他能風風光光前來進謁。

這正是武田信玄和今川義元的相異處。

同年三月，山本勘助果然迢迢趕來謁見武田信玄。不知是勘助談吐不凡，或是信玄獨具慧眼，兩人面談後，信玄當下道：

「勘助是獨眼，因負傷而手腳不靈，膚色又黑得不像話。這麼一個醜男，聲譽竟如此高，應該是極為傑出的武士。這種武士，給一百貫太少了。」

結果，信玄發下一張兩百貫俸祿的朱印狀（蓋有紅色官印的公文）給山本勘助。四、五天後，信玄再度傳喚勘助，訊問今川義元的地盤駿河國（靜岡縣）內情。勘助闡明得有條有理，信玄聽得心服口服，立即讓勘助升任為左右手。

有重臣認為山本勘助還未立功便讓他位居要職，風險太大，而且恐怕也會遭今川家說三道四。信玄回說：

「不是有『謀者近之』這句話嗎？無論今川家說什麼，我只相信勘助說的話。」

信玄是甲斐國歷代守護武田家第十九代家督。父親是統一甲斐國的武田信虎。

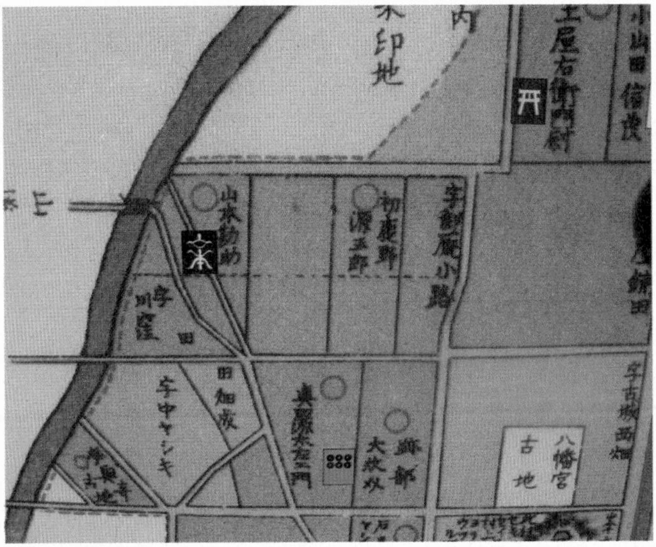

◉ 山本勘助宅邸圖

《甲陽軍鑑》作者描述武田信虎是個狂人，脾氣極為暴躁。因信虎偏愛次子，長子信玄從小就裝做凡事不如弟弟的豬頭模樣，以免被父親放逐他國。這種例子在戰國時代很常見，尤以日後將繼承國主地位的長子為多。

信玄二十一歲時，信虎的女婿今川義元擔憂岳父將來可能會背叛今川家，又深恐自己的兒子於日後敗在岳父手下，於是決定讓信玄登上國主地位。

今川義元與信玄的家臣聯手，設計引誘信虎離開甲斐，客居今川家，終生不得回國。信玄對趕走父親一事似乎耿耿於懷。

身為守護世家長子身分的信玄，教養極佳，允文允武，精通周詩三百零五篇、《武經七書》等，唯獨不碰《論語》。據說《論語》中有許多孝道典故，會觸痛信玄不為人知的內心隱傷。

地位愈高的人，愈孤獨。

有「戰國第一名將」美譽的武田信玄當然也不例外。

足智多謀的山本勘助，年齡和武田信虎差不多，身分又非譜代家臣，平日沉默寡言，只在關鍵時刻才會提出精確建議。或許信玄的理想父親形象正是這種人。

《甲陽軍鑑》描述，同年十一月下旬至十二月中旬，信玄出征信州時，全靠勘助的計謀才得以攻下九座城。至於是哪裡的哪座城，書中沒有說明，倒是勘助的俸祿在這時又增至三百貫。

武者守護神「摩利支天」再世

信玄攻滅信濃（長野縣）望族諏訪賴重時，看中諏訪家女兒，想納為側室。這女兒行年十四，是個美女（以現代眼光來看，十四歲仍是初中生，應該是美少女）。但所有重臣都異口同聲反對，認為信玄既然殺了對方的父親，對方很可能懷恨在心，說不定會同諏訪家遺臣和親戚聯手圖謀不軌。

山本勘助勸眾臣說：

「如果納諏訪姬為妾，諏訪的老百姓一定會期望她生下男孩，日後再度振興諏訪家。如此一來，諏訪家的遺臣和老百姓就不會起叛亂之心。」

勘助料得沒錯，諏訪姬於翌年果然生下一男，正是日後的武田勝賴。

信玄本來就預計讓諏訪姬生下的男子繼承諏訪家，為這孩子取名時，沒有讓他承襲武田家嫡子代代相傳的「信」字，特地取了諏訪姬父親名字的「賴」字。

不過信玄的其他兒子不是自盡便是盲目或早夭，剩下的兒子也都過繼給他家，最後只能讓勝賴繼承武田家。

諷刺的是，勝賴雖比父親強大，併合甲州和信州，建立了武田王國，卻也是間接讓武田家走向滅亡的人。

《甲陽軍鑑》作者分析，勝賴因有個被神化的英傑父親，所以無論怎麼拚命都無法令家臣或他國領主心服，只得不斷擴張領地，導致國內民窮兵疲，終於自取絕滅。

說起來勝賴也很可憐，他本是諏訪家家督，地位雖小，卻也是雞口而非牛後。信玄的長子義信過世後，他才臨時晉升為武田家繼承人。但他的出身背景令武田家眾臣視為外人，明明事情做得和父親一樣好，家臣卻在背地裡數落他不如父親。大部分家臣口是心非，不聽命令，連領地老百姓也瞧不起這個「外地來的繼任者」。

對身為第二代的兒子來說，名望過高的父親往往是個重荷，最終大多以悲劇收場。

勝賴的母親諏訪姬在兒子十歲那年過世，由於沒有任何有關她的史料，日本小說家新田次郎在小說《武田信玄》（中譯本遠流出版）中給她取名為「湖衣姬」，井上靖則在《風林火山》（中譯本遠流出版）取名為「由布姬」。但她的墓碑銘有個「梅」字，日本歷史專家推測她的本名應該是「梅」。

諏訪姬委身於信玄後，十年間只生下一個兒子，表示信玄並不寵愛她，讓她終生過著冷宮日子。

看來這對母子確實很苦命，不過這又是另一個故事了。

信玄登上國主地位後，以破竹之勢逐漸往西北擴張領地。然而，信玄畢竟還年輕，經驗不足，在攻打信濃北部領主村上義清時，首次吃了敗仗。

村上義清是信州最有勢力的豪族，此時信玄已征服諏訪，再往北就是村上的地盤。村上家和武田家本來是盟友，但和村上結盟的人是信玄的父親信虎，並非信玄本人。信玄登位後即與村上解除盟約，之後又殺死村上的盟友諏訪氏，村上恨信玄恨得要死。

開戰前，村上的家臣曾勸說最好不要以卵擊石，但義清認為信玄只是個未滿三十歲的小毛頭，不足掛齒，何況古來便有「兵多者敗」的例子。

村上義清在前一年因真田幸隆（真田幸村的祖父）的謀略，失去五百將士。他決意在這次戰役中，就算無法親手殺掉信玄，也要砍下真田幸隆的頭顱以湔雪前恥。

勘助五十六歲那年，武田軍與村上軍雙方在上田原（長野縣上田市）隔著河川對陣。

武田軍先鋒正是向信玄推薦山本勘助的板垣信方。

板垣雖然率兵立下先驅之功，砍下一百五十顆敵軍首級，卻忘了「逐奔不踰列」的兵法原則，不但遠離了大本營，還在敵軍很可能反擊的陣前檢閱首級。結果遭村上軍突擊，板垣來不及騎馬逃走便被五、六名士兵以長矛刺死。

之後，村上率七百士兵直搗武田軍大本營，並在馬背上揮刀和信玄單打獨鬥。信玄因此負傷，戰後在甲府市湯村溫泉待了一個月養傷。據說信玄在此次戰役中全靠山本勘助的指揮才得以平安無事逃離戰場。

同年七月，信玄再度敗於村上義清手下，而且敗得很慘。這回的戰場是砥石城（戶石城，長野縣上田市），離村上的根據地葛尾城不遠，算是國境前線守城。信玄只要攻下這座城，村上戰線就不得不往北後退。北方正是上杉謙信的越後國（新潟縣）。

砥石城雖是小城，卻建在絕壁山脊，地理位置險要。況且上田市自古以來便有特殊的「逆霧」氣象。一般山中霧氣是自半山腰升起，逐漸罩住整座山，看上去朦朦朧朧，但上田市的「逆霧」是自山脊稜線降下瀑布般的濃霧雲層，半山腰以上完全被乳白色雲層罩住，形成天然屏障。

絕壁和濃霧令攻城的武田軍束手無策。村上義清又率領主力兵從葛尾城趕來助陣，攻擊武田軍背後。武田軍遭山頂和山下夾攻，損失慘重，前線亂成一團，信玄在大本營發出的軍令完全不起作用。

眼看自己的軍隊可能全線崩潰，信玄決定親自上陣。

此時，山本勘阻止信玄：

「只要引誘敵軍移至南方，這場戰即能轉敗為勝。」

「軍令都無法傳到前方了，怎麼實行佯動作戰？這不是紙上談兵嗎？」信玄問。

「請主君借我五十後備騎兵，這事交給我包辦。」

勘助率領五十騎兵引誘村上主力軍轉移陣地，信玄再趁機重整陣勢，最終扭轉乾坤，武田軍取得勝利。這回的戰役令勘助馳名遠近，武田家上下均稱譽勘助是武者守護神「摩利支天」再世。

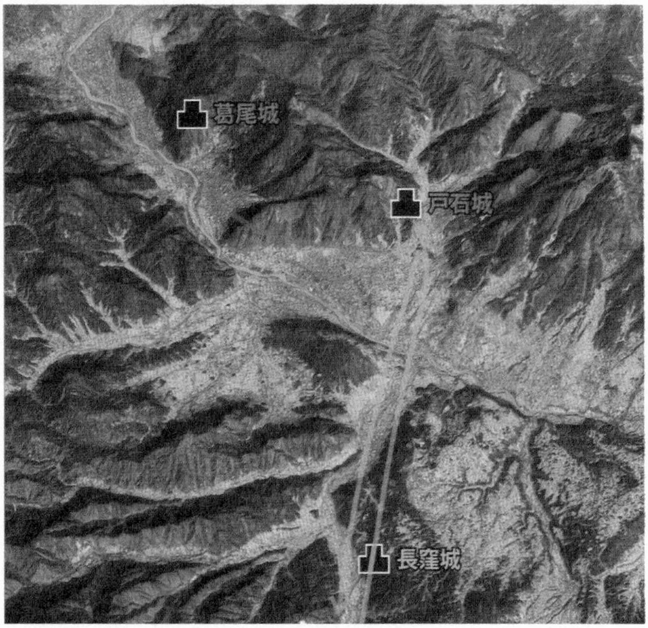

◉砥石城之戰。紅線：村上軍，黃線：武田軍

勘助的俸祿又升至八百貫，成為足輕（步卒）大將，這時他已經將近六十歲。

大器晚成的勘助喜出望外，向信玄請了幾天假，回故鄉拜訪駿河今川家的家臣庵原氏。表面是道謝過去受照顧的恩情，其實是為了出一口氣而特地衣錦還鄉。

兵法書「一本都沒讀過」？

古時日本所謂的「兵法」專指個人劍術伎倆，並非中國的軍事用兵理論；在日文中，「軍配」才是用兵作戰策略之意。不過為避免讀者看得莫名其妙，在此全統一為中文的「兵法」、「軍師」。

日本戰國時代的大名或有力武將，均有精通陰陽道和易學的軍師。這類軍師和擔任作戰策略的參謀軍師不一樣，他們的主要工作是進行占卜並觀測天文氣象，出征之前還得主持出征儀式，戰後檢閱敵方首級時也必須舉行祭祀儀式。

出征儀式和戰後檢閱首級的儀式非常繁雜，宗教色彩極為濃厚。武田家也有幾名這類陰陽道軍師。

其中有個軍師名叫小笠原，擅長幻術，時常在眾人面前表演幻術。例如，夜晚時分，眾人在可以望見山林的房間聊天時，小笠原能依照在座各人的要求讓山林內點起火焰。無論對方要求點燃幾道火焰，他都能操縱自如。

山本勘助對這類幻術、妖術不感興趣，他慣用宮、商、角、徵、羽五音，並觀察城池上空的青、白、赤、黑、黃五雲變化和煙氣，判斷該城能否陷落。此外還觀看烏、鳶、鳩三種軍鳥的飛翔方式以及來去方位推測戰況，兵法樸實，從未玩過幻術妖術。

小笠原自己也說：「幻術只是一種酒席助興把戲，在實際戰場毫無用處。」

可見山本勘助並非主持各類軍事儀式的陰陽道軍師。但此故事正間接說明小笠原的性格可能比較圓滑，勘助則較耿直，不苟言笑。

無論觀雲氣或占禽鳥，中國古代兵書皆有記載，但是勘助的兵法知識似乎並非從古籍中習得。

某天，信玄問勘助：

「你讀過四、五本書嗎？」

「一本都沒讀過。」勘助答。

《甲陽軍鑑》沒有說明信玄為何如此問的理由，所以這段對話很微妙。既可以解釋為信玄驚嘆勘助的軍事策略知識，想問他讀過什麼兵書，也可以解釋為信玄希望勘助多讀一些兵法書。但勘助對信玄說：

「雖然我從未讀過兵法書，但聽說諸葛孔明正是利用《三略》、《軍林寶鑑》等兵法書創出八陣圖。望主君也能應用這類兵書創出武田流派兵法。古代唐國有魚鱗、鶴翼、長蛇、偃月、鋒矢、方圓、衡軛、雁行八種陣形，這些

◉檢閱首級

檢閱首級的目的在於記錄戰功，敵方頭顱身分地位愈高，斬下首級的人便能領到愈多獎賞。清洗首級並為首級化妝的工作由女人負責，女人還得為首級綁上名牌。首級還分大將、上級武士、下級武士、步卒小兵等級，各等級的儀式均不同，是外人甚或武將無法理解亦不能參與的世界。

陣形雖大有助益，卻不適合我國。主君可以改良這些兵法，讓國內上上下下每個將士都能理解該如何佈陣。」

勘助說的「古代唐國陣形」，是日本平安時代的貴族學者大江維時前往唐國留學時，研習了《三略》、《孫子兵法》等兵書，回國後自創陣形名稱並編纂成書。但一般小兵根本無法理解這類高深兵法，勘助的意思是希望信玄深入淺出地改編古代陣形並制定軍法、家法，讓大將小兵於平日銘記在心，如此便能習慣成自然，作戰時不會混亂。

倘若《甲陽軍鑑》記載的是事實，「甲州法度」和「甲州流兵法」就都出自山本勘助的建議了。

勘助雖說他從未讀過任何一本書，但他既然說得出《三略》和《軍林寶鑑》書名，甚至連八陣名稱都能朗朗上口，實在令人難以相信他從來不讀書。可能是不願意在信玄面前老王賣瓜，要不然便是在流浪期間以口傳心授方式習得兵法精華，否則就是《甲陽軍鑑》作者加油添醋。

不過，山本勘助確實在武田家留下築城技術功績。《甲陽軍鑑》作者說，武田家的城池建築方式全承襲勘助流。

勘助最擅長設計「馬出」。

城池最重要的戰鬥出入口是「虎口」，在虎口前用土堡圍成一道野戰城郭即為「馬出」，不但守城有利，敵軍也很難攻進。

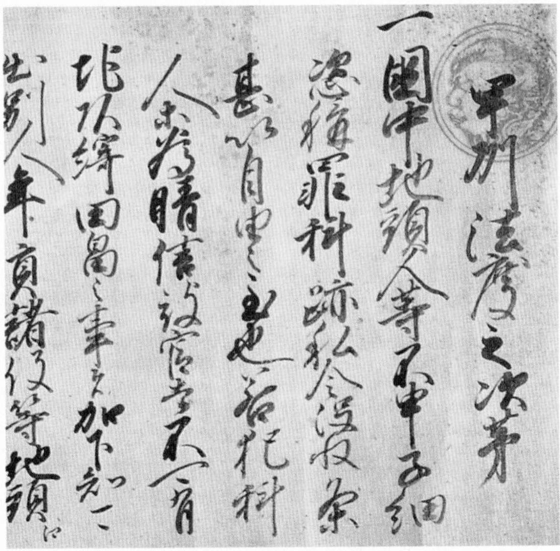

◉ 武田家法「甲州法度」有可能出自山本勘助的建議

勘助設計的是弧形「圓馬出」，而且在土堡外圍又挖一道弧形壕溝，名為「三日月堀」。這些都是改建原有的城堡而成，因為甲斐、信濃是山岳地帶，地形複雜，很難建築新城，只能改修原有的舊領主居城。

信玄的居城躑躅崎館沒有城牆，只有一道壕溝，日後才有「人是城，人是石垣，人是壕溝，情是友，仇是敵」這句信玄名言。不過，甲府市教育委員會於二〇〇七年調查躑躅館遺跡時，挖掘出防禦設施的「圓馬出」痕跡，這應該也是勘助設計的。

躑躅崎館內最有趣的建築，是信玄的專用廁所。房間面積是京都尺寸的「京間」六張榻榻米大，換算為公制大約是十一平方公尺，而且全鋪上在當時算是奢侈品的榻榻米。再從浴室安裝導水管至廁所，類似現代的沖水馬桶。房內設有香爐，由兩名值班人員負責點伽羅香，一天輪換三次。信玄如廁時，另有一名隨從會聽從吩咐送來某國某郡的資料，信玄就在廁所審批文件。

「川中島合戰」之後，信玄每次上廁所都會帶刀，身邊也一定跟著三名佩刀武將，躲在紙門後以防萬一。

如此看來，信玄的廁所相當於現代人的書齋或辦公室。以信玄的身分來說，能夠獨處的時間應該非常少，想靜心處理重大案件或思考戰略時，或許廁所正是最佳場所。

「遺恨十年磨一劍」的死對頭

永祿四年（一五六一）八月十六日，從信濃海津城趕來的信使報告，上杉謙信率領一萬三千軍隊越過犀川和千曲川，在海津城對面的妻女山西條村（長野縣長野市）佈陣，打算攻打海津城（今松代城）。

犀川和千曲川之間的扇形平原地帶，正是川中島。

海津城離甲府約一百五十公里，是武田家唯一新建的城堡，築城者正是山本勘助，守將是《甲陽軍鑑》的作者高坂昌信，副將是真田幸隆。

信玄接到報告後，於十八日率兵出陣，二十四日抵達川中島。這期間至少有一星期空檔。過去我一直有個疑問，上杉軍在這期間到底在做什麼呢？

《甲陽軍鑑》沒有說明，於是我就找上杉家史料尋求答案。果然在上杉家於一六六九年向德川幕府提交的上杉家正史《河中島五箇度合戰記》中找到了。

原來上杉軍在妻女山山腳佈陣後，忙著切斷通往海津城的交通道路，並阻斷自妻女山背面流出的河流，改造成遏止武田軍攻擊的防護河渠。

一五七九年之前寫成的《謙信家記》中，也提到上杉軍為了攻打海津城，在海津城附近村落到處放火。

看來上杉謙信雖打算攻下海津城，但海津城是信玄為了對抗越後國的謙信，特地命勘助新建的城，是集山本勘助築城技術大成的堅城。何況守城副將是鼎鼎大名的真田幸隆，難怪謙信不敢輕舉妄動。

《甲陽軍鑑》描述，武田軍在千曲川渡口的雨宮渡（長野縣千曲市，現在地形都變了）佈陣，堵住上杉軍的退路和補給線。兩軍對峙了五天。

第六天，信玄率軍進入海津城。

九月九日，信玄召喚勘助和武田四名臣之一的馬場信春商討戰略。勘助建議說：

「我們有兩萬兵力，撥出一萬二千攻打妻女山的越後軍，明日卯時（清晨五點左右）開戰。到時候越後軍無論勝敗，必定得渡河撤退，我們再趁此時讓事先埋伏的旗本軍上陣夾攻。」

討論後的結果，信玄這方決定讓奇襲軍分為十隊於卯時攻打上杉軍，旗本軍則組成五隊，其他另有四隊旗本護衛，三隊旗本後援，總計八千。

旗本軍於寅時（清晨三點左右）出發，先渡過千曲川在八幡原等待撤退的上杉軍。戰國時代的旗本軍即本隊，由大名親自指揮。

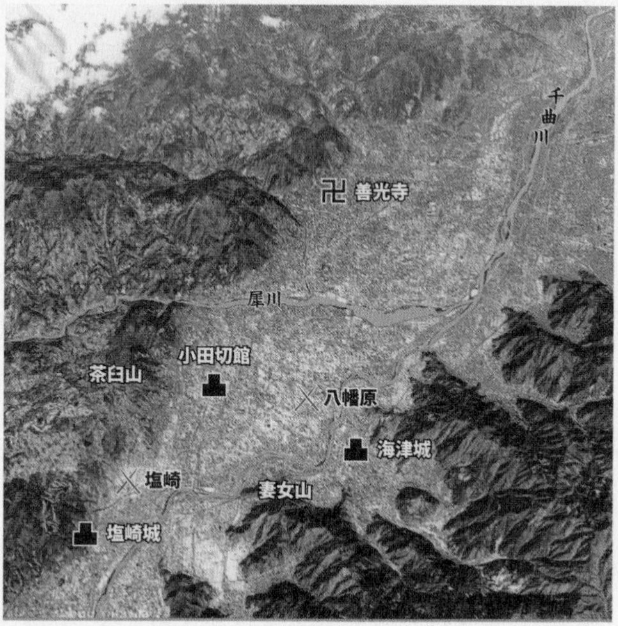

◉川中島合戰戰場

然而，上杉軍斥候在妻女山上望見海津城炊煙縷縷，下山向謙信報告後，謙信立即識破勘助的策略。

武田軍預計在十日清晨五點向妻女山開戰，謙信卻在九日亥時（夜晚九點左右）早一步率兵渡河移至對岸。

上杉軍的軍律是戰時只在早上做飯，每天早上分配一天份的軍糧給士兵，所以夜晚不用做飯，也就不須燃火。一萬三千士兵就如江戶時代儒學者賴山陽作的漢詩那般，「鞭聲肅肅夜過河」，無聲無息地轉移陣地。

信玄率領的旗本軍於半夜抵達八幡原佈好陣勢，等待奇襲軍的捷報。

次日清晨濃霧消失後，信玄才看到眼前突然冒出一萬三千上杉軍，正是賴山陽漢詩的第二句「曉見千兵擁大牙」（大牙是大將立於軍營前的大旗，因竿上以象牙為飾，又稱牙旗）。《甲陽軍鑑》描述上杉軍本隊的陣勢是「車懸陣」。

「車懸陣」類似中國的「方圓陣」。大將居陣形中央，外圍排成幾層螺旋，機動兵力在最外圈，臨戰時不時往同一個方向旋轉，像個轉動的輪子。這種陣形不但可以避免士兵因疲憊而致使陣形崩潰，且轉到最後會變成雙方的旗本隊直接出馬交戰。

這場仗打得非常激烈，畢竟雙方是「遺恨十

年磨一劍」的死對頭，於是刀光劍影殺得「流星光底逸長蛇」。山本勘助正是在這場戰役中戰死。著名的武田信玄和上杉謙信的「一騎打」（單挑）也是在這場戰役中發生。以上是《甲陽軍鑑》的說法。

我們再來看上杉家史料如何記載這場戰役。

《河中島五箇度合戰記》描述，九月九日夜晚，武田軍悄悄離開海津城，渡河在川中島佈陣。上杉軍的「夜行者」（忍者）在妻女山上望見此光景，下山向謙信報告此事。謙信和重臣商討後，決定在妻女山留下五隊軍力，當天夜晚十二點親自率領五千兵力，偷偷渡河在川中島佈陣。

次日，天還未亮，上杉軍即高吹戰螺大打戰鼓，攻向武田大本營。武田軍來不及迎戰，退到犀川。這時武田義信率二千軍隊自背面攻擊謙信旗本軍，幸好宇佐美定滿趕來助陣，擊退了武田義信。

另一點很有趣，《河中島五箇度合戰記》批評《甲陽軍鑑》在第四回川中島合戰中描述的「一騎打」並非事實，那時和謙信單挑的人是信玄的影武者。真正的「一騎打」是在第二回川中島合戰時發生。此外還說上杉謙信在第四回川中島合戰中沒有使用「車懸陣」陣形，上杉家打仗時從來沒有用過「車懸陣」。

江戶時代儒學者賴山陽於一八二六年完成的國史史書《日本外史》卷十一則描述：

上杉軍自妻女山出發時，「全軍啣枚，縛馬舌，涉雨宮渡，遇武田斥騎十七人，盡斬之」。信玄軍則為「俟報至曉。曉未辨人色，見謙信牙旗在前，將士皆失色。越後軍鼓而進，聲震地。信玄不暇易其陣，以弓銃力拒」。最後，「信玄脫走，謙信追之」。

《日本外史》在第四回川中島合戰中也沒有提到「一騎打」。但在第二回川中島合戰中描述謙信出兵時說：

「吾此行必與信玄親戰，決雌雄耳。」

雙方交戰時，信玄偷渡犀川，「直襲謙信麾下，麾下潰走。信玄乘勝而進」，但宇佐美定滿等人帶兵趕來助陣，信玄與數十騎親信落荒

◉ 川中島合戰屏風圖

而逃。

此時，「有一騎黃襖騮馬，以白布裹面，拔大刀來。呼曰，信玄何在？」信玄自馬背跳下，逃進河中，謙信「舉刀擊之，信玄不暇拔刀，以所持麾扇扞之，扇折。又擊砍其肩。甲斐從士欲救之，水駛，不可近。隊將原大隅槍刺其騎，不中，舉槍打之，中馬首。馬驚，跳入湍中。」信玄才倖免於難。

這段漢文描述與《河中島五箇度合戰記》第二回川中島合戰的敘述一致。

如此看來，信玄和謙信的「一騎打」並非只有一次，而是兩次？否則就是《甲陽軍鑑》作者故意把第二回的「一騎打」安排在第四回。若要拍電影或電視劇，我肯定會採用信玄落馬河中與謙信的「一騎打」這段劇情。

總之，第四回川中島合戰時，謙信在妻女山上佈陣（目前已證實在山上無法佈陣，而且現代的妻女山可能也不是史料中記載的「西條山」）、勘助的「啄木鳥戰法」、謙信的「車懸陣」陣形、武田軍的「鶴翼陣」陣形等說法，均出自江戶時代後期的軍記小說《甲越信戰錄》。此書作者不詳，只知是綜合許多當時流行的戰記話本、傳說、戲曲而寫成，類似中國的《三國演義》。

後世的日本歷史作家明明知曉《甲越信戰錄》是史實夾雜虛構的讀物，但正如中國民眾比較愛看《三國演義》一樣，日本民眾也喜歡虛虛實實的故事，因而日本作家才會以此書為小說底本。反正是給大眾看的小說，又非學術論文，三分寫實、七分虛構恰恰好。

說實話，站在讀者的立場，我也會選擇《三國演義》。

即便我知道利用草船借箭的不是諸葛亮，而是孫權，並且孫權只是因輕舟有一側中箭太多，深恐翻船，才調轉船首，讓另一側中箭，最後箭均船平，安全返航。但只要有人提起「草船借箭」，我還是會反射性地聯想到諸葛孔明和赤壁，而且這個諸葛孔明最好是神采飄逸的金城武。

在恩人面前結束自己的一生

話說回來，山本勘助死時，年齡大約六十八歲，這在戰國時代算是相當長壽了。何況他是死在戰場，應該死得無悔無怨。

目前一般說法是勘助因「啄木鳥戰法」失敗，負疚戰死。但我覺得，既然沒有所謂的「啄木鳥戰法」，他根本無須負疚，勘助很可能是因為歲數已大，再加上身有難言的宿疾，自知無法再馳騁戰場，才決意於恩人信玄面前結束自己的一生。

有關第四回川中島合戰，賴山陽除了上述那首著名的「鞭聲肅肅夜過河，曉見千兵擁大牙，遺恨十年磨一劍，流星光底逸長蛇」漢詩外，另有一首〈筑摩河〉：

西條山　筑摩河
越公如虎峽公蛇
汝欲螫　吾已噉
八千騎　夜銜暗
曉霧晴　大旗摯
兩軍搏　山欲裂
快劍斬陣腥風生
虎吼蛇逸河噴雪
傍有毒龍待其蹶

這首詩形容謙信如虎，信玄若蛇。我覺得最後一句很有趣，原來織田信長是毒龍？

第二話
如夢似幻的越後能臣

宇佐美定滿

うさみ　さだみつ　Usami Sadamitsu

上杉謙信的良師兼謀將

◉ 甲越勇將傳／上杉家二十四將／宇佐美駿河守定行／歌川國芳

八分大賢、二分大惡的「軍神」

「甲斐之虎」是武田信玄，「越後之龍」是上杉謙信，兩人在日本戰國時代雖是死對頭，卻類似成雙作對的鴛鴦，缺一不可。

《名將言行錄》記載：

「上杉謙信身軀短小，左小腿有癤子，微跛。戰時不穿甲冑，喜穿黑棉衣，頭戴半圓鐵笠，終生不用麾旗軍扇，僅用過兩三次。總以三尺青竹指揮軍隊，據云仿效南朝梁國名將韋叡之竹如意。」

南朝梁國韋叡足智多謀，但生來體質虛弱，每逢疆場臨陣指揮時也不穿甲冑，慣常服儒者衣冠，執竹如意以麾進止。謙信打仗時不穿甲冑可能也是學韋叡的作風。

謙信戰無不勝，攻無不克，素有「軍神」美譽，卻因終生不近男色和女色，坊間對他的性別有種種臆測。

有人主張他是女人，有人說他可能是陰陽人，另有一種說法則為謙信因受傷導致性無能，造成他那特殊性格和怪僻行為。某些電視大河劇或電玩甚至為了配合民間八卦傳說，乾脆將他塑造為女人形象。總之，無論謙信是女人或陰陽人甚或性無能，在日本戰國武將中，他確實是個絕無僅有的怪胎。

同時代的關東武將太田資正（太田道灌的曾孫）對他的評語是：

「謙信公之人品，八分乃大賢人，二分為大惡人。恣肆發怒時，所為乖僻，是其惡所。勇猛而無欲，清靜且器量大，廉直亦無私，明敏好察，慈惠待下，喜聞忠諫等，是其善。實乃絕世罕有之名將，故其八分為賢者。」（《名將言行錄》）

一五七九年獻納給春日山八幡宮的《謙信家記》中描述，某天，謙信召喚近侍開茶會。閒談時，謙信問：

「信玄、氏康、信長三將均為坂東（關東古名）著名大將。你們說說這三大將的政道和兵法有何差異。」

上杉四天王之一的甘粕近江守（景持）答：

「根據我從相模（北条）、甲州（武田）、尾張（織田）三國浪人武士打聽出的結果，可謂三將三色。」

「何為三色？」謙信問。

「兵法首要三略是智、策、武，此三將各具優劣。」

「你說說看，何人為何色？」謙信追問。

「氏康智略十分，策五分，武三分。信玄公策略十分，智五分，至於武，可能和氏康同等。信長公是弱敵，目前還無法判斷。」

「如此說來，三將均具有兩略，獨缺一略，是嗎？」

「是。主君最好分別各以智、策、武三略對付此三將。氏康公用智略，信長公用策略，信玄公用武略。只要深知此三將優劣點，即能應付自如。」

謙信聽後，深有同感地點頭，賞賜美酒給在座諸位近侍。

《謙信家記》中沒有記載這場茶會的日期，但會話中形容織田信長為弱敵，看來應該是信長還未抬頭之前。

謙信於天正六年（一五七八）過世。翌年八月，《謙信家記》作者感嘆道：

「此書記載甲越相尾四將（信玄、謙信、氏康、信長）交爭之事。（中略）如今只剩信長公一人，威力日益上升，天下諸人仰望信長公如仰天，（信長）實為走運者。」

似假如真的謙信軍師

正如武田信玄和上杉謙信必定成雙那般，山本勘助和宇佐美定滿（別名定行）這兩人也密不可分；有信玄必有謙信，有勘助必有定滿。

二〇〇八年十月五日，日本演員緒形拳過世。聽到此消息時，我很難過。緒形拳是我高中時代以來一直很喜歡的演員之一，雖然他的次子緒形直人也不錯，但我還是比較喜歡緒形拳。

緒形拳生前演的最後一齣ＮＨＫ大河劇是二〇〇七年的《風林火山》，他在劇中飾演的角色正是宇佐美定滿；而飾演山本勘助的演員是內野聖陽。內野聖陽正是在日本很火熱的幕末時代電視劇《仁醫》裡，飾演坂本龍馬的那位性格派演員。

《風林火山》大河劇的最大賣點正是山本勘助和宇佐美定滿這兩名軍師的兵法智略較量。為何連ＮＨＫ大河劇也將這兩人串在一起呢？理由其實很單純。

假若山本勘助是甲州流派兵書《甲陽軍鑑》作者創出的虛幻參謀，那麼，宇佐美定滿則為越後流派兵法倡導者捏造的蜃樓軍師。不過，這兩人在歷史上都確有其人，但是否真如後人想像那般，一是信玄的作戰參謀，另一是謙信的戰術軍師，答案則不得而知亦無從查證。

無論甲州流派或越後流派兵法，日本所謂的兵法軍事學均為江戶時代初期盛傳的學問之一。說白一點，就是和平時代沒仗可打，只能玩玩紙上談兵的學問。軍記讀物在日本江戶時代之所以廣受大眾歡迎，原因也在「毫無兵禍」這點。

十七世紀初至十九世紀中葉，全世界都很混亂，歐洲陷於大規模國際戰爭的「三十年戰爭」，英國處於「清教徒革命」內戰，中國則是明朝滅亡清朝興起；之後是美國獨立戰爭，法國大革命，清朝「鴉片戰爭」、「太平天國之亂」，等等。唯獨日本，直至黑船出現，兩百多年一直處於和平時代，或許正因為如此，才能逐步累積獨特的日本文化。

話說江戶時代初期，主流兵法是幕府公認的甲州流派，也就是武田信玄流派。當時紀州藩（和歌山縣與三重縣南部）的兵法家宇佐美定佑在自己著作的兵書中讓宇佐美駿河守登場，宣稱該人是上杉謙信的軍師，目的是對抗甲州流派的山本勘助。

紀州藩初代藩主是德川家康的十子德川賴宣，也是八代將軍德川吉宗的祖父。為何同為德川一族，紀州藩竟公然與幕府唱反調，倡導越後流派兵法呢？

當時上杉家已破產，榮華不再，家名墜地。為了復興上杉家，宇佐美定滿的孫子及曾孫拚

◉上杉家家訓

心無煩惱時，心廣體泰。心無忍辱時，待人親切。
心無慾念時，情深義重。心無我執時，不生猜疑。
心無驕傲時，敬重他人。問心無愧時，不畏他人。
心無偏見時，能育人才。心無貪念時，不媚諛人。
心無怒氣時，和顏悅色。心存忍字時，萬事圓滿。
心無雜念時，平心靜氣。心有勇氣時，不悔不恨。
心無邪念時，淡泊無求。心有孝思時，忠貞節操。
心無自滿時，能解善意。心無迷惑時，不責於人。

謙信家訓精明簡潔，比起現代一些講述做人道理之類的書籍或某些宗教教條更淺顯易懂。

◉月百姿／上杉謙信／霜滿軍營秋氣清　數行過雁月三更／月岡芳年

命創作謙信的軍記讀物，宣揚越後流派兵法。宇佐美父子倆的後台老闆正是德川賴宣。

德川賴宣本就有「南海之龍」美稱，性格豪放不羈，不甘雌伏，才敢公然和幕府作對。正因為有上述背景，宇佐美定滿便一躍成為上杉謙信生前最信任的軍師。

上杉謙信和武田信玄這兩名大將，性格與作風完全不同。信玄經常傳喚家臣召開會議，採用少數服從多數的執政方式；謙信則比較獨斷獨行。

不過仔細閱讀《謙信家記》，可以發現謙信雖獨攬大權，卻不像織田信長那般專斷，還是會聽從家臣的建議。何況在織田信長出現之前，諸大名都沒有直屬職業軍隊，必須仰賴領國內的小分國領主以及分散於各地的地方豪族撐持，方能保住大名身分。因此謙信身邊應該也有軍師或作戰參謀，只是沒有留下記錄。

雖然宇佐美定滿是謙信的幕後參謀這點仍須置疑，但他確實為了謙信而戲劇性地劃下自己的人生句點。

宇佐美家祖先原為伊豆地方豪族，後來遷移至越後定居。宇佐美定滿與其父均是越後（新潟縣）守護上杉家家臣。

當時的上杉家並非謙信之後的上杉家，謙信是越後守護代長尾家的兒子，三十二歲之前的名字是長尾景虎。越後的上杉家和長尾家經常交戰，所以宇佐美定滿和謙信的父親本為敵對關係。

《北越軍談》描述，定滿五十歲過後，辭去官職跑到京都隱居，此時十四歲的長尾虎千代（謙信）剛好在諸國遊學，兩人在京都相遇。但根據比較確鑿的史料看來，謙信並非長尾家長子，沒有資格繼承家督，幼時便進寺院當小和尚，不可能出現在京都。不過，事實往往比小說更離奇，或許謙信真的擅自離開寺院跑到京都留學也說不定。

另一方，一六一五年由上杉家家臣寫成的《上杉將士書上》則描述，謙信的庇護者，亦即謙信乳母的丈夫本庄慶秀招聘定滿為謙信的兵法指南；《謙信軍記》中卻說，謙信在十三歲時離開故鄉，與近侍僧侶一起周遊諸國，描繪諸國地形並記錄該地風土人情，途中在比叡山延曆寺偶然和隱居的宇佐美定滿邂逅，兩人結下君臣之義。

何真何假？我也不清楚。總之，兩人是君臣關係這點沒錯，但到底在何時、因何而成為君臣關係則眾說紛紜，無法查證。

以老命一條為主君斬除禍根

宇佐美定滿最有名的軼事是他的死因。

一五六四年，宇佐美定滿七十六歲，主君謙信三十五歲。

此時的謙信已經繼承了關東管領的姓氏和家督，威勢遍及越後、信濃、上野、武藏。並且以國主身分兩度上洛，取得朝廷和足利將軍的信賴。

七十六歲的定滿在謙信身邊服侍了二十年，眼看自己的人生蠟燭即將燃盡，但主君謙信仍來日方長，而且小武田信玄九歲。定滿心想，有朝一日，謙信必能殲滅武田氏並征服小田原北条氏，成為關東霸主。不過，為了讓主君於日後能稱霸關東，他必須於事前斬除上杉家的禍根。

所謂上杉家的禍根是長尾政景。

長尾政景是謙信的姐夫，按血緣系列來說，政景是長尾家嫡系子孫，謙信是旁系。雖然謙信繼承了前任管領上杉家家督地位，但出身畢竟不是嫡派，導致政景在言談舉止中均有蔑視

◉ 長尾政景／常慶院珍藏

謙信的傾向。

謙信於十九歲繼承長尾家家督後，年長四歲的政景便再三和謙信交戰。經宇佐美定滿和其他有力武將居間調停，政景才臣服於謙信。

這樣的政景如一座休火山，沒有人能預知他何時會爆發。

長尾政景是位猛將，根據地是上田庄坂戶城（新潟縣南魚沼市），擁有兵精將勇、所向無敵的部隊。坂戶城位於信濃國與上野國境界，是越後國的守備要害，只要政景和武田氏或北条氏聯手，隨時有可能放逐謙信，自居國主。

宇佐美定滿最擔憂的正是此事。

該年七月，定滿帶幾名隨從前往自己的支城野尻城避暑。

野尻城離坂戶城很近，城邊有野尻湖，正適合納涼避暑。

定滿遣使者邀約政景和其子前來赴宴。以政景的立場來說，對方是近乎退休的老人，再說當時政景和謙信的關係也不錯，毫無理由拒絕。於是政景帶著兩個兒子和三十餘名隨從前往野尻城赴約。

五日，眾人分乘三艘遊船在野尻池泛舟喝酒作樂。

《甲越軍記》中描述，第一艘遊船主客是政景，東家是定滿，其他各有幾名隨從。第二艘遊船主客是政景的長子義景和次子景勝，宇佐美家老戶股主膳負責招待。第三艘遊船則載滿美酒佳餚等盛饌，乘客是膳夫、茶人等多數陪侍。

酒醉飯飽後，定滿說天氣太熱，突然跳入湖中游泳。政景看老邁的定滿在湖中游泳，不甘示弱，也跳入湖中。但不知政景是不擅游泳還是因喝醉導致心臟麻痺，竟然溺死湖中。定滿也沉於水底。

宇佐美定佑著作的《北越軍記》則述說，宴會從早上持續至傍晚，眾人均帶醉意。晚風漸強，政景和定滿搭乘的遊船遠離了其他兩艘船。突然船內浸水，船身傾向一方。政景失色起身大喊：

「怎麼回事？船底有洞。」

◉ 野尻湖：相傳定滿與政景同赴黃泉之處

「別慌，有我在，不會有事。」定滿也站起身。

然而，定滿並沒有去救政景，反倒拉著政景的雙手一起落入湖中。雙方隨從都已經醉得站不穩腳步，見狀後慌成一團，有人跳入湖中搶救，有人大聲呼喚其他遊船。

最後只聽到政景一聲怒吼：「老人家，您瘋了嗎？」

之後政景和定滿均沉入水中，未曾再浮出水面。

「這是宇佐美的奸計！」

「放肆！是我們主君中計了！」

兩家隨從在船上拔刀彼此謾罵，待船靠岸，隨即在岸邊廝殺起來。

消息立刻傳到坂戶城。坂戶城的軍隊馬上出發前往野尻湖。但宇佐美家老已經扣住長尾政景的兩個兒子為人質，固守城內。從坂戶城趕來的政景精銳部隊根本無法可施。

到了夜晚，自鄰近村落緊急召喚來的擅長游泳的眾多村人，總算自湖底打撈出政景和定滿的屍體。

據說兩人緊緊摟在一起，早已斷氣。

按屍體狀況看來，似乎是定滿摟住政景，一起溺死湖中。

謙信在春日山城接到訊息後，驚愕得落淚嘆道：

「定滿……你竟然……師父……原諒我。」

身為越後國主身分的謙信當然不能沉浸在個人感傷中，隨即拋去私情，接二連三下達各種善後命令。

上田長尾家由長子義景繼承家督、為政景舉行國葬、沒收宇佐美家的琵琶島城和野尻城。宇佐美家便如此絕滅。

一九〇一年出版的《新潟縣名勝案內記・傳評記》中則述說，謙信打算暗殺政景，但定滿深恐政景的部下會舉兵叛亂，遂留下遺書建議謙信於事後把所有罪名都推到自己身上，並予以嚴懲，斷絕宇佐美家。如此做，政景的部下才不會起疑。

這起事件是日本戰國史懸案之一，連現代歷

◉ 彈正少弼上杉謙信入道輝虎／月岡芳年

史專家也無法查出到底是怎麼回事。是單純的意外溺死？或是定滿個人的計謀？亦或謙信和定滿兩人於事前說好的策略？至今真相不明。

唯一擺在眼前的事實是，宇佐美定滿以七十六歲高齡除去上杉家內患，但也賠上自己的性命。

此事件的最大受益者是謙信。

謙信不但毫不費力獲得政景的要衝領地，也順理成章將政景的精銳部隊整編為直屬前線軍隊。但是，倘若把時代往後挪，或許有人會說謙信的最大收穫是政景的次子，亦即日後的上杉家第二代當主上杉景勝。

宇佐美定滿的結局和山本勘助的死法極為類似，後人才會將他們串成一組，不厭其煩讓他倆一而再、再而三登場於各種舞台、小說、電視劇中。

百戰百勝，戰國三雄皆低頭

一五七三年四月，五十三歲的武田信玄在討伐織田信長時，舊疾復發。歸國途中，信玄自度不起，召諸將處理後事。

《日本外史》記載，信玄於病床告誡兒子勝賴曰：

「汝慎勿佳兵以亡我國。吾死天下獨有一謙信而已。汝請援以國託之。彼一受汝託，必不與鄰國合以侵汝也。」言畢昏迷。

謙信聽到信玄過世的消息時，正在用餐，據說「捨箸而歎曰。失吾好敵手矣。世復有此英勇男子乎。因潸然流涕者久之。」

信玄死後，越後將士再三勸說謙信，要謙信趁機攻打甲斐。謙信回道：

「我與信玄數十戰，不能取。及其死，侮弱子，乘敗取之，何以對天下？」（《日本外史》）

這也是後人崇拜上杉謙信的理由之一。

若是德川家康或織田信長，早就出兵拿下整個甲斐國，謙信卻固守自己的人生美學，不乘人之危，不做落井下石之事。遺憾的是，五年後，謙信也病歿。

在戰國群雄中，上杉謙信大概是風評最佳的一人。他不耍任何詭計陰謀，也不考慮利害得失，義氣深重，連交戰多回的宿敵武田信玄於臨死前也交代兒子，萬一國家有危，務必向謙信求救。

然而，令人想不通的是謙信既然百戰百勝，而且幾乎終生都在打仗，為何不統一關東地區，寧可蝸居在一入冬便冰天雪地如同陸地孤島的越後國呢？

謙信並非沒有財力，他生前十數回遠征關東，兩次上洛拜見將軍和朝廷，均因具有豐富財源方能達成。

雖然現代的新潟產稻米已成為眾所皆知的名牌，但在謙信那個時代，越後國的稻米收穫量並不多。謙信的主要財源是金銀、麻布、貿易。越後領地內的日本海沿岸港口，均有越後國貿易專用船和運輸海路。當時棉布尚未普及，麻布是老百姓的貴重衣料品，亦是公卿貴族慣用的白布原料，越後特產品之一正是苧麻。

此外，謙信擁有金山、銀山。

上杉謙信過世後，第一個進入春日山城本丸的人是上杉景勝。

景勝佔據春日山城本丸後，才發現謙信儲存了兩萬七千兩金子。景勝正是利用這些金子向武田勝賴的家臣進行賄賂，阻止勝賴和北条氏聯手讓謙信的另一個養子三郎景虎繼位。

一年後，景勝終於得勝，登上越後國主寶座。

豐臣秀吉統一天下時，日本全國有三十一座金山、銀山。根據史料，秀吉命全國大名繳納金子時，上杉家交出的金子佔全國總量百分之九十五。

既然謙信具有優秀的政經能力，打仗時更敢勇當先，而且為了縮短行軍距離，還特地修築長達一一五公里類似現代高速公路的「上杉軍道」……除了冬天無法出兵以外，他擁有眾多足以擴張領地的條件，為何寧願死守在越後國的春日山城呢？

假如謙信真是女兒身，他的故事可能比戲劇

◉ 上杉謙信的居城如今只餘春日山城跡供後人憑弔

更吸引人。我個人也希望他真是女兒身。只是，綜觀各種史料記載，又找不出他是女兒身的確證。他的行動逸出戰國武將的常軌，似乎不應該生在戰國時代，諷刺的是，這也正是他的最大魅力。

信玄過世前兩年，北条第三代當主北条氏康也病逝。

對謙信來說，這是個大好時機，既能趁亂殲滅武田家，亦能擴張領土至關東。然而，謙信卻固守一個「義」字，按兵不動。

謙信每次出征都會標榜「義」字。他並非為私慾而打仗，都是受人之託幫別人出兵，擊敗敵人後，再將占領地歸還給求援者。宛如正義戰神受託出現在戰場，之後英姿颯爽地揚長而去。他的人生觀也影響到第二代當主上杉景勝，父子兩代在戰國時代均備受尊崇，給人清冽印象，少有人膽敢和上杉家正面交戰。

或許謙信的真正心願是不想離開故鄉雪國。上杉家在越後國如一株根深葉茂的大樹，雖然在謙信統一越後國之前，各地豪族歷經多次離合聚散，但領地老百姓最愛戴的畢竟是上杉家。

上杉軍之所以驍勇，全靠打仗時召集來的領地老百姓。這些老百姓只能當前線雜兵或輸送要員，但假如前線雜兵或輸送要員對領主懷有代代相傳的恩義之情和親近感，作戰時的氣勢與生死觀便與其他軍隊截然有異。

根據史料，上杉軍平時兵力是武將六十、騎兵六百、長矛隊三千九百、槍砲隊七百六十、機動部隊六百，總數不及六千，可謂少得可憐。碰到大合戰時的所謂數萬兵力，幾乎都是領地內的臨時農民兵。由此可見，上杉家和領民之間的信賴關係極為堅固。

織田、豐臣、德川三大戰國英雄，在上杉謙信面前也得低頭服輸。尤其織田、豐臣麾下那些曾經實際與上杉軍交戰過的著名武將，均把謙信神化為軍神，對謙信心馳神往。

謙信的根據地春日山城類似深山中的寺院要塞，位於標高一八九米的山上。松樹和古杉密集叢生，從山腳至山頂的諸條小徑完全不像手持長矛或腰配剛刀的武士行走的路徑，反倒比較適合修行僧侶來來去去。山頂本丸北方有不識庵法堂、毘沙門堂、諏訪堂、護摩堂等建築物。謙信經常獨自一人蟄居於不識庵法堂唸經。

我從未唸過經，但多次參與日本親戚或鄰人的葬儀，熟悉日本人的守夜和次日告別式的過程，以及和尚送靈時的唸經聲。每次都覺得和尚唸經時的聲音和韻律有種奇妙力量，很像催眠術，會令人精神恍惚，彷彿身處此岸與彼岸之間的幻境。

對謙信來說，不識庵法堂或許類似胎兒在母胎時的狀態，沒有任何危險，也不用動腦筋下任何判斷或命令，是唯一能令謙信陶然自樂的暗室。

由這點可以看出謙信並非強人，他應該有顆脆弱心靈，只是不能在外人面前示弱。

德川家康很膽小，但膽小正是家康的強韌武器；謙信外表剛勇，內心世界卻如蜘蛛絲那般脆弱。

如果把謙信這座如母胎的「不識庵」法堂擴大，正是入冬後即形同陸地孤島的越後國。冬季的春日山城都被深雪覆蔽，住在雪國的人應該都知曉下雪時，雪會吸收所有聲音，整個世界深沉閑靜，杳無聲息。

謙信始終死守在越後國的原因，或許正是這點。他真正想守護的是看不到狼煙、聽不到戰鼓聲的冬之越後國。

我想，假如他不繼承長尾家，繼續留在寺院當和尚，很可能成為流芳百世的名僧。

◉ 竹中半兵衛／禪幢寺珍藏

◉ 黑田官兵衛／福岡市博物館珍藏

第三話

戰國時代的天才軍師

竹中半兵衛

たけなか はんべえ Takenaka Hanbe

黑田官兵衛

くろだ かんべえ Kuroda Kanbe

豐臣秀吉的左輔右弼智囊團

助鯉成龍兩兵衛

豐臣秀吉從區區一介草民身分，赤手空拳爬至男人世界最高峰的「天下人」寶座，是「鯉魚躍龍門」的極端例子，也是眾多日本男人嚮往的歷史人物。諷刺的是，鯉魚是為了繁衍後代才跳龍門，秀吉雖然有幸躍過水門檻並披上龍袍，從鯉魚化身成飛龍，卻也因此而滅種。

秀吉能成龍，均靠兩位天才軍師的輔助，一是竹中半兵衛，另一是黑田官兵衛。

竹中半兵衛的本名是竹中重治，黑田官兵衛的正式名字是黑田孝高。因後人習慣稱他倆為「二兵衛」或「兩兵衛」，所以下述文章提及兩人時，全通稱為「半兵衛」、「官兵衛」。

確切說來，竹中半兵衛和黑田官兵衛均不能稱為「軍師」。他們都擁有自己的軍隊，應該是「武將」。

半兵衛這方，本來是織田信長看中他，想收為家臣，遣豐臣秀吉去遊說。當時的織田正打算攻打近江淺井氏，用盡心機向近江國境附近的武將城主策謀施略。半兵衛的居城菩提山城正位於美濃與近江兩國邊界，而且和近江當地武將有來往，織田才派遣能說善道的豐臣秀吉當三顧茅廬說客。

不料半兵衛不喜歡性格激烈的織田信長，故意回秀吉說：「我寧願在你手下做事。」這句話其實是婉拒，沒想到秀吉竟信以為真，回去向織田報告時，不但沒有坦白說出半兵衛婉拒的事實，反倒懇求織田允許半兵衛待在自己身邊。

這時期的豐臣秀吉還未爬到大名地位，身邊只有蜂須賀小六等草莽英雄，缺乏任何具有軍事知識的理性人才。而織田信長本人擅長戰略，終生從未用過任何軍師參謀，他本身就是個天才軍事家兼魅力型領袖，具有英雄式的感召力。織田大概也明白秀吉身邊沒有知性派策士，才答應秀吉的懇求。

因此，竹中半兵衛實為織田信長的直屬家臣，並非秀吉的麾下部將，兩人地位同等。只是，半兵衛確實將自己所知的兵法知識全傳授

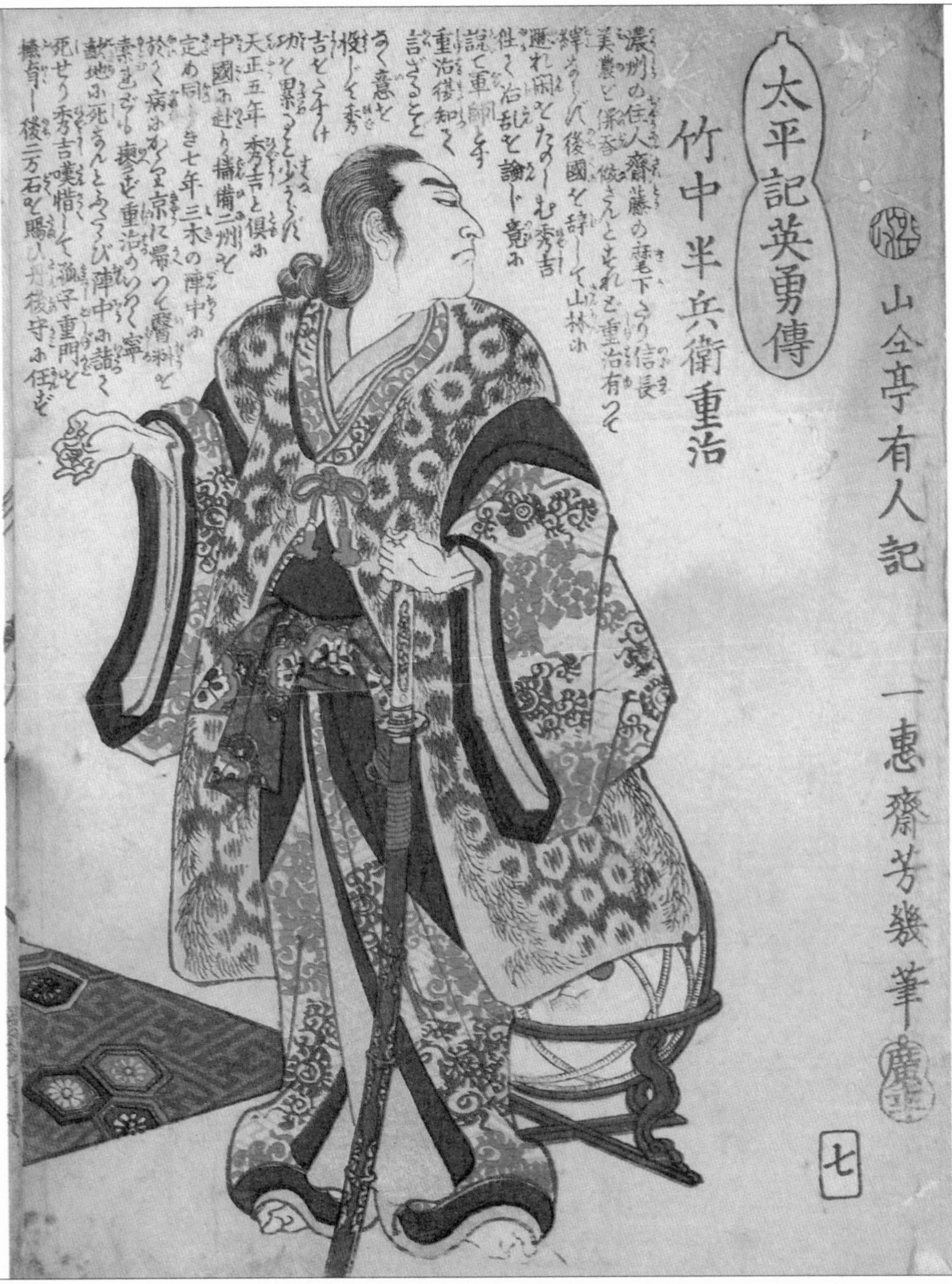

◉ 太平記英勇傳／竹中半兵衛／落合芳幾

給秀吉，輔助秀吉一步步登天。

可惜這位曠世奇才竟英年早逝，享年僅三十六歲。

黑田官兵衛也是織田信長的直屬家臣，小竹中半兵衛兩歲。但他似乎不像好友半兵衛那般恬淡寡欲，以致後世作家在描述他的人生榮枯時，往往說他內心隱藏著窺覬天下的野心。因而他雖是豐臣秀吉前半生的最大功臣，最後只能成為遠離中央政權的九州豐前十二萬石（實際是十七萬石）大名。

不過，「黑田官兵衛肖想天下大餅」的說法，是大正時代之後的文人所塑造的形象。有關這點，另有下文，後文再進行查證。我們先來看一段最有名的「二兵衛」典故。

據說，說話不打草稿的豐臣秀吉曾和黑田立下拜把兄弟誓約，並在寄給黑田的信中留下白紙黑字諾言：

「無論將來誰先出人頭地，彼此都要終生照顧對方。」

黑田官兵衛極為珍惜這封書柬。

竹中半兵衛看了這封黑田經常引以自豪的書信後，隨手就把信件拋進火盆燒掉，並警告官兵衛：

「你和秀吉不是兄弟，是主從，你千萬要記住這點。留下這種信札，只怕日後會給黑田家帶來禍患。」

由此看來，竹中半兵衛比黑田官兵衛更深知「人各有命，富貴在天」的道理。

倘若彼此都是凡夫俗子，這份友誼或許能天長地久。然而，一方是前途無量的「鯉魚」，另一方只是在背後助陣的「波浪」，雙方的距離勢必日趨遙遠，友誼也會變質。

對「鯉魚」來說，躍龍門之前許下的諾言，確實是個威脅性很大的禍根；而對「波浪」來說，老是執著於往昔的情誼，弄不好會招惹滅門絕戶的悲劇。

竹中半兵衛正是看透這點，並為好友著想，才擅自燒掉那封書信。

事實也證明，豐臣秀吉成為飛龍後，逐漸防範並遠離黑田官兵衛，最後讓石田三成等行政官取代了往昔在戰場為己捨身拚命的武將席位。話雖如此，後人也不能怪豐臣秀吉過河拆橋。

正如前面所說，人各有命。只要立場不同，判斷物事的觀點便不同，裁量取捨時的選擇當然也就會背道而馳。命中註定成龍的鯉魚，即使事前沒有「波浪」助力，終究會成龍。

竹中半兵衛的命運是早夭，豐臣秀吉的命運是無後，就這三人來說，晚年最幸福的人該屬黑田官兵衛。

然而，以後人的立場來看，豐臣秀吉於生前確實過於防範黑田；或者說，過於漠視黑田。即便黑田懷有不為人知的野心，但他從未對秀吉起過叛逆之心，這是不爭的事實。

所謂黑田的野心，對象可能不在「天下」這塊大餅，而在「秀吉」這個人身上。

換句話說，黑田一心一意為秀吉效勞，目的只在秀吉的一句誇獎或喝采。這可以從他視那封秀吉親筆寫下的諾言書信為珍寶這件事看出。

有時候，人拚命為另一個人效力，並非為了名利，而是單純想得到對方一個賞識笑容或肯定眼光而已。

我總覺得，黑田官兵衛對豐臣秀吉的感情應該屬於後者。遺憾的是，落花有意，流水無情。人只要多活幾年，多吃幾口米飯，多參與幾場葬儀，遲早都會領悟，男女之間的愛情或同性間的友誼，甚或血緣親情，往往都逃不過「落花流水」的結局。畢竟，每個人走的人生路途都不一樣，「分久必合，合久必分」是人生定理。

秀吉過世後，黑田家在「關原合戰」立功，成為筑前國（福岡縣）五十二萬三千石大名，名副其實名利雙收。但黑田官兵衛可能更渴望秀吉親口封下的領土，只要不離秀吉太遠，就算僅有十萬或二十萬石領地，他應該也會甘之如飴。

半兵衛：「十面埋伏」破勝家

竹中半兵衛生於天文十三年（一五四四），比織田信長年輕十歲，小豐臣秀吉七歲。

半兵衛外貌柔弱，態度溫文，從來不口出大言，也不賣弄軍事知識。在美濃國齋藤龍興麾下，算是相當不起眼的存在。

齋藤龍興是美濃梟雄齋藤道三的孫子，居城是稻葉山城。織田信長於日後占領美濃國，將稻葉山城改名為岐阜城（岐阜縣岐阜市）。

半兵衛因父親早逝，於十九歲繼承家督，成為美濃國西方邊境菩提山城城主。

竹中家在半兵衛的父親那一代才復興，是地方豪族，本來從屬織田信長的岳父齋藤道三麾下。後來道三和兒子義龍爭權，死在兒子手下。織田以「代岳父報仇」之大義名分屢次攻打美濃，無奈稻葉山城是座堅城，連織田也久攻不落。

有一次，織田又派兵攻打美濃國，年方二十的竹中半兵衛率領一千兵力參與齋藤軍。

據說，半兵衛在這時利用《三國演義》中曹操引誘袁紹的「十面埋伏」計。當時中計的是負責織田軍前鋒的柴田勝家，半兵衛引誘柴田軍深入自己的陣營後再反攻。

對柴田軍來說，不但兩翼有伏兵，前面是折回的半兵衛，背面又有齋藤軍追來，全軍陷於重圍，成為困獸。幸好豐臣秀吉於事前在稻葉山上設伏兵，放信號讓伏兵在山上點燃數百支火把。齋藤軍以為稻葉山城陷落，慌忙整軍回頭，這才讓柴田勝家死裡逃生。

話說回來，當時的齋藤家為了防止地方豪族叛亂，規定每家都要送出人質住在稻葉山城內。竹中家的人質是半兵衛的弟弟。

齋藤龍興夜夜笙歌進酒，施行惡政，百姓生活困苦，怨聲載道。

半兵衛二十一歲那年，遣人進城吩咐弟弟假裝生病。之後，半兵衛說要送家傳丹藥給弟弟飲用，又派六名家臣進城。過了幾天，半兵衛親自帶十名家臣進城探望弟弟。這時，家臣抬了幾架箱子，裡面塞滿探病用的飲食、食器、衣服等，箱子底層則藏有弓箭長矛等武器。

當天半夜，半兵衛和家臣利用藏在箱子底層的武器在城內作亂，半天便奪下標高三百米的稻葉山城。

◉ 修復後的岐阜城。織田信長佔領美濃國後，將稻葉山城改名為岐阜城

半兵衛的岳父是齋藤家三大家臣「美濃三人眾」之一的安藤守就，於兵變前就已聽聞女婿的計畫。安藤本來認為女婿的計畫絕對會失敗，大力反對，沒想到女婿竟成功奪下稻葉山城，於是也帶兵進城支援女婿。

此風波令半兵衛一舉成名。

織田信長遣使者向半兵衛表示，如果半兵衛願意獻出稻葉山城，事後將讓半兵衛統治半個美濃國。不料半兵衛竟一口拒絕，答說：

「此城是齋藤龍興大人的居城。我只是為了諫勸主君，暫時佔有稻葉山城，日後仍得還給主君。」

半兵衛沒說謊。他於半年後即喚齋藤龍興回城，並讓出家督給弟弟，自己則跑到近江國淺井長政那兒客居。一年後又回老家，在深山過著隱遁日子。

織田信長正是在這期間殲滅齋藤龍興，併吞了美濃國。

過了幾年，豐臣秀吉奉織田信長之命找到半兵衛，勸他歸屬織田。半兵衛當時大約二十七歲。

這一年，織田信長決定討伐越前的朝倉義景。信長的妹妹阿市嫁給淺井長政，與織田是同盟，所以織田一口氣攻至朝倉領地支城的金崎城。但位於越前國南方的淺井氏和朝倉氏是同盟，而且兩家交情比新興的織田家更久，自祖父那一代起便結下同盟。

織田信長攻下的金崎城，剛好位於朝倉、淺井兩氏居城之間的西邊角。從金崎城的位置看去，東北方是朝倉氏居城的一乘谷城，東南方是淺井氏居城的小谷城。倘若淺井往西北方出兵，確實可以切斷織田軍的退路，令織田軍腹背受敵。

一般人都認為，阿市在此時送一袋紅豆給哥哥，發出警告，織田才知曉淺井背棄盟約。阿市送紅豆的說法可能是後人創出的典故。信長又不是豬頭，率大軍在前線，怎麼可能直至妹妹送來一袋紅豆，才得知背後有敵軍呢？應該是派到四方的斥候探出的消息。

無奈織田軍在此時已侵入朝倉領地太深，很

◉ 太平記英勇傳／朝倉義景／落合芳幾

難脫身。許多歷史小說在描述這場戰役時，均讓豐臣秀吉成為英雄，說他負責殿後，織田信長才得以死裡逃生。

不過，在《大日本史料》文書〈武家雲箋〉中，收有一封丹後（京都北部）武將寄給丹波（京都府）武將的書信。信中記載織田在「金崎之戰」撤兵時，負責殿後的武將除了豐臣秀吉，另有明智光秀等人。

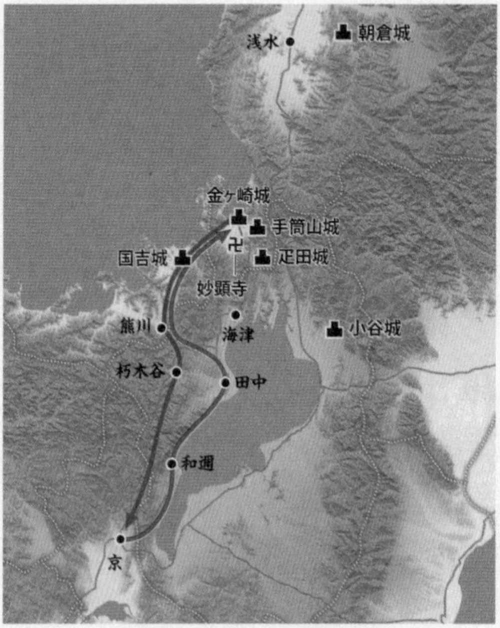

◉金崎之戰。紅線：織田信長進攻路線，藍線：織田信長退路

只是，明智光秀後來成為「本能寺之變」首謀，一夜之間變成殺死織田信長的弒君叛賊，於是之前的功勞全給豐臣秀吉搶走。不僅如此，豐臣秀吉率領的殿後部隊中，真正負責殿後的武將，正是竹中半兵衛。

歷史就是這樣，勝者為王。最後的勝者可以篡改歷史，甚至抹殺其他敗者的功勞。

總之，竹中半兵衛和豐臣秀吉雖然同為織田信長的家臣，但半兵衛年齡比秀吉小，而且是後來才加入的插班生，因而看上去像是秀吉的部下，其實不然。

客觀說來，讓半兵衛去侍奉喜怒無常的織田信長，倒不如留在有三寸之舌的豐臣秀吉身邊。畢竟豐臣秀吉光靠一張嘴，就能讓身邊的人活得熱熱鬧鬧，開開心心。

官兵衛：捨毛利，就織田

黑田家原為播磨（兵庫縣西南部）小大名小寺政職的家臣。當時織田信長的勢力蒸蒸日上，正打算侵攻中國地方。中國地方的原有勢力是毛利家，眾多當地小大名徘徊在十字路口，不知該選擇織田或毛利。

官兵衛說服小寺家其他家臣，最終選擇了織田，並代表小寺家主動與織田接觸。他在織田面前宣誓願意當侵攻播磨時的嚮導，並有條有理地說明該如何攻打毛利家，該如何逐步入侵中國地方。

織田聽官兵衛說得頭頭是道，大喜，當下賞給他一把名刀。日後負責平定中國地方的總大將正是豐臣秀吉，於是官兵衛便成為秀吉身邊的得力參謀之一。

毛利輝元得知小寺家屈從織田後，派五千大軍攻打官兵衛的居城姬路城。官兵衛僅帶五百士兵迎擊，但事前召集了眾多當地老百姓，讓他們舉旗幟抬陣鼓，躲在己軍背後的樹林及山中。待毛利軍接近時，這些老百姓在樹林和山中搖旗吶喊，鳴金擊鼓，暫時當虛張聲勢的紙老虎。毛利軍見風是雨，以為是織田派援軍前來，頓時陷入恐慌狀態，不戰而潰。

黑田官兵衛三十二歲時才加入豐臣秀吉陣容，此時半兵衛三十四歲，輔助秀吉已將近八年。官兵衛於兩年前臣服織田時，按慣例送出獨子松壽丸（黑田長政）當人質。信長再把松壽丸交給秀吉負責。秀吉讓松壽丸住進自己的居城長濱城（滋賀縣長濱市），拜託正室寧寧（於禰，後來的北政所）照顧這個未滿十歲的小人質。

半兵衛和官兵衛兩人性格完全不同，前者靜，後者動，一陰一陽。或許正因為如此，原本應該是競爭對手的兩人，交情極好。

豐臣秀吉侵攻中國地方時，黑田不但讓出自己的居城姬路城，還幫秀吉當說客，逐次說服周邊的小大名向織田信長俯首稱臣。

官兵衛攻打西播磨佐用城（兵庫縣佐用郡）時，首次展現軍師本領。他採用《孫子兵法》中「圍師必闕」策略，在攻城時故意留個缺口，好讓敵軍有活路可逃，結果大勝。

翌年（一五七八）十月，攝津有岡城（大阪府伊丹市）城主荒木村重竟然和本願寺聯手，背叛織田信長，還把黑田家主君小寺政職也拉進去。

荒木村重算是織田麾下的優秀家臣，他在該年元旦前往安土城向信長拜年時，出席順序排在豐臣秀吉前面，這表示信長很看重他。

織田信長聽到荒木背叛的消息時，甚至驚詫得不敢相信，但荒木確實倒戈了。荒木叛亂的理由至今仍眾說紛紜，真相不明。

黑田官兵衛和荒木有交情，況且主君小寺家也牽扯在內，於是單身前往有岡城，打算說服荒木回心轉意。不料，荒木竟二話不說便將黑田囚禁在牢房。荒木當時為何沒立即殺掉黑田？這也有眾多說法，至今仍得不出正確答案。

另一方，人在安土城的織田信長因黑田遲遲不歸，誤以為黑田也跟著一起背叛，大怒之下，不但派兵重重圍住有岡城，還命秀吉殺掉在長濱城當人質的黑田家嫡子松壽丸。此時，小寺家眼見織田軍來勢洶洶，官兵衛又行蹤不明，所有家臣都慌了手腳，只得決定與黑田家斷絕君臣關係，再度回歸織田軍團。

然而，在眾人都認定黑田已叛變的狀況下，只有竹中半兵衛一人深信戰友官兵衛絕對不會背叛，他猜測這裡頭肯定有隱情。

半兵衛從秀吉正室寧寧手中領回松壽丸後，立即將松壽丸藏匿在自己的居城菩提城內，並通過秀吉向織田謊報已殺死松壽丸。

官兵衛的洞窟牢房位於有岡城西北角，三邊都是竹林，陽光射不進，終日昏昏暗暗。而且洞窟面對池子，溼氣重，環境極為惡劣，連吃飯也是有一餐沒一餐。如此，官兵衛的身體很快就衰弱下去。

唯一能慰藉官兵衛心靈的是從竹林中伸來的藤蘿。藤蔓纏住牢房的鐵格柵，並於翌年春天開出淡紫色藤花，偶爾亦有小鳥和蝴蝶聞香而來。正是這株藤蘿令官兵衛咬緊牙關，度過一年的幽禁黑暗日子。

官兵衛於日後訂定「藤巴」紋為家紋，據說正是因此而來。不過，小寺家也是「藤巴」紋，只是雙方圖案不同。小寺家在官兵衛生死不明期間拋棄了黑田家，但官兵衛始終沒有背

◉ 太平記英勇傳／荒木村重／歌川國芳

◉ 太平記英勇傳／織田信長／落合芳幾

棄主君。小寺家沒落後，官兵衛還收留了小寺家後裔。

話說回來，身在姬路城的黑田家近臣當然也不相信主君背叛了織田。幾名近臣化為商人潛入有岡城，打聽出官兵衛的牢房所在，籠絡了獄卒，之後時常來探望官兵衛。

另有個名叫加藤重德的荒木家近臣，本來奉命負責監視官兵衛，卻在監視期間和官兵衛頻繁接觸，反倒對官兵衛的才華敬仰不已，悉心照顧獄中的官兵衛。官兵衛很感激，於日後收養加藤家次子，讓他改名黑田一成，視如親生兒子，待遇甚厚。

黑田一成於「關原合戰」後另立門戶，成為一萬六千石的黑田家支系大名。因宅邸位於三奈木（福岡縣朝倉市），世人通稱為「三奈木黑田家」。

三奈木黑田家世代都是福岡藩黑田家家老身分，一直延續至明治時代。明治維新後，三奈木黑田家受封為男爵地位，擠進華族階級。

由上述兩項事例可以看出黑田官兵衛的性格相當篤厚，並非後代某些小說家或文人所描述那般具有窺覷天下的野心。只是，官兵衛腦筋太靈活，做事當機立斷，行動太快，才會令豐臣秀吉覺得如鯁在喉吧。

半兵衛：建議秀吉「一字拜領」

豐臣秀吉二十五歲時和寧寧結婚，之後一直

◉ 黑田一成／福岡市博物館珍藏

冠妻子娘家的「木下」姓。這也證明豐臣秀吉出身於沒有姓氏的平民階級。

明治時代之前的日本，階級尊卑分明，德川幕府為了區別武士和平民階級，禁止平民冠姓。將近三百年的禁令，使得老百姓忘了自己本家的「苗字」，繼而養成不起姓的習慣。

豐臣秀吉冠妻子娘家的「木下」姓時，全名為「木下藤吉郎秀吉」，中間的「藤吉郎」算是通稱。在秀吉爬至高位之前，他的長輩或上司、平輩都稱他為「藤吉郎」或「木下」。

婚後的藤吉郎拚命工作提升業績，十二年後成為近江三郡的一國之主。此時秀吉已三十七歲，竹中半兵衛正值三十歲。

這時期的織田信長正朝著統一天下的目標邁進，身邊有五名統率軍隊的親信武將：柴田勝家、丹羽長秀、瀧川一益、明智光秀、木下藤吉郎。與前三名比起，明智光秀和木下藤吉郎都是中途錄用的新進家臣。明智光秀是優秀的知性派官僚，木下藤吉郎則完全是個田舍郎，不但沒有出身背景支撐，甚至連像樣的學歷和文化素養都沒有。

一個出身不明的鄉巴佬，從為主君提草履的跟班身分爬至一國之主的地位時，免不了會讓人心生嫉妒，光瞧著就覺得分外眼紅。就算當事人不想無事生非，旁人也會故意找碴。

有關這點，年紀輕輕就當上城主的竹中半兵衛比較有經驗。他看藤吉郎發跡太快，擔憂藤吉郎可能因此惹來無謂的麻煩，遂建議藤吉郎

◉氏、姓、苗字

日本的「姓」與中國的「姓」意義不同。日本原為氏姓制度，掌握政權的貴族及其血緣親族均為同一「氏」，後來按血緣親近與功勳大小，天皇再賜予「姓」。這個「姓」表示門第、社會地位或職稱，相當於爵位，是世襲制度。之後「姓」底下又分枝為眾多「苗字」，此「苗字」正是漢語中代表家名的

「姓」。

「苗字」大多取自地名。

千年前的平安時代是母系社會，貴族家的孩子均由母親娘家撫養，為了區分自己的品官階級，通常冠宅邸所在地名為「苗字」。例如公卿很常見的「近衛」姓，其實是京都地名，而「近衛」家的原本氏名應該是貴族階級的「藤原」。之後，「近衛」底下又分枝為「鷹司」，這也是地名，原為平安京的鷹司小路。但無論「近衛」或「鷹司」，追溯至老祖宗那一代，就都是貴族階級的「藤原氏」。

武士興起後，「苗字」成為統治階級的勳章。只是，一個家系若不停分枝下去，根本無法存續好幾代之前的老祖宗門第地位，有些分家會沒落為半農半武身分，有些分家則完全成為農民或商人。因此戰國時代之前的封建領主，不得不經常下達「非武士者不准冠姓」之令。既然必須發禁令，表示當時的老百姓有冠姓的習慣。

時代進入亂世後，此禁令更無法徹底實行。正式明令老百姓不准冠姓，施行「兵農分離」政策的人，其實是原本沒有姓氏的豐臣秀吉。繼秀吉之後，將「冠姓禁令」實行得更徹頭徹尾的人，則是創立德川幕府的德川家康。

許多戰國大名很愛強調自己是「源氏」或「平氏」後裔，目的正是要別人信服他的祖先是中央貴族世家出身。當然這個「源氏」或「平氏」的血緣關係已不可考。

例如織田信長全名是「織田彈正忠平朝臣信長」，其中「織田」為家名的苗字，「彈正忠」為通稱，「平」是代表貴族世家的氏，「朝臣」則是代表門第的姓，「信長」才是本名、真名的諱。

當時的人均稱織田信長為「織田彈正忠」，而朝廷正式公文則寫為「平朝臣信長」。現代人雖以現代習慣稱織田為「信長」或「織田信長」，但此稱呼在當時是一種禁忌，只用在咒術等特殊場合。

明治維新後，新政府認為國民沒有姓很不方便，不僅無法編造戶籍，也無法課稅征役，只得制定「凡國民都必須取姓」的法律。

新政府的新法律剛好和德川幕府的幕令背道而馳。結果弄得鹿兒島縣某村落的人全部都姓「島津」，京都公卿出身的人全部都姓「藤原」，武家人也都擅自冠上「源」姓。

全國的「姓」幾乎集中在「源」、「平」、「藤原」、「橘」這四個古代貴族的「氏」上。明治政府只得再度下令，命國民重新取姓，這也是為何現代日本人的姓會如此繁多的主要原因。

不過日本古來即有「真名」代表神聖靈魂之「靈格」的信仰，不能隨便叫喚對方的真名，所以現代日本人的名字即便統一為「姓」和「名」，一般稱呼對方時都只稱「姓」，不會連名帶姓叫出對方的全名，也不會光叫姓底下的名，除非你是對方的父母或兄弟姐妹、夫妻等。

改姓，而且必須依照戰國時代「一字拜領」的慣例，從勢力最大的柴田勝家和丹羽長秀這兩人的姓氏中各取一字。

正因為戰國時代有此風俗習慣，竹中半兵衛才會建議蒸蒸日上的藤吉郎改名。於是乎，「木下藤吉郎秀吉」便變成「羽柴秀吉」。光看「羽柴秀吉」這個名字，就會令人覺得似乎升了好幾級。

半兵衛的擔憂並非無中生有。當時柴田勝家和丹羽長秀確實都看不慣藤吉郎的所作所為，早已惱怒得頭上長角。可他倆做夢也沒想到，當上一國之主的藤吉郎竟然會親自帶著大禮前來懇求賜姓。碰到這種例子，相信大多數人都不會拒絕，恐怕還驚喜交加，慶幸自己得了個前途有望的自家人。

事實證明藤吉郎改姓後，織田家兩大勢力的柴田勝家和丹羽長秀都對他另眼相待，不再視他為冤家仇敵。

一五七七年，竹中半兵衛三十四歲，秀吉四十一歲。這一年七月，上杉謙信率兵侵攻能登、加賀。織田信長命柴田勝家當總司令，派瀧川一益、丹羽長秀、前田利家等人前往加賀鎮壓。此時，羽柴秀吉也以後備軍身分加入柴田勝家陣容。

但是，不知為何，秀吉在前哨與勝家失和，沒得到織田允許便擅自離開陣線回長濱城。這是嚴重違反軍紀的行為。

秀吉離開陣線的理由，至今仍眾說紛紜，只知道導火線是雙方作戰策略不合，勝家不聽秀吉的建議，秀吉一氣之下就率兵回府。

另一種說法是秀吉不滿毫無用武之地的後備軍身分，眼睜睜看著其他武將陸續立功，秀吉軍卻不能上陣，士兵們鬱積各種無處可洩的不滿。竹中半兵衛擔憂如此下去會影響士氣，因而勸誘秀吉撤軍。

最後一種說法是織田讓所有武將投入前線，身邊守備薄弱，秀吉深恐織田出事，故意違反軍紀回長濱城以防萬一。

織田信長聞訊後，怒不可遏，命秀吉閉門思過。不料秀吉在城內竟夜夜笙歌鼎沸，鼓吹喧

◉ 修復後的長濱城：原為成為天下人之前的秀吉之居城

◉一字拜領（Ichijihairyou）

戰國時代有「一字拜領」的習慣，意思是身分高的人將自己名字中的一個字贈給地位比自己低的人。這種「一字拜領」的例子在庶民中很常見，例如「權太郎」的長子名為「權一」，次子為「權二」或「權次」，父子名字中都有一個「權」字，村裡其他人光聽名字即能明白他們之間的關係。有時連祖父母或曾祖父母名字中都有同一個字，這種習慣在現代日本仍存在。

庶民的「一字拜領」通常意謂同族血緣關係，武士身分的大名或武將之間的「一字拜領」則表示主從關係或外交手段。因而戰國時代的大名名字經常換來換去，連日本人也懶得特地去記住他們的名字經歷。

就名字方面來說，德川家康最倒楣。戰國大名中，他更換名字的次數相當多。最初成為今川義元的人質時，被逼取名為「元信」，後來改名為「元康」。「康」正是取自他祖父名字「清康」中的「康」字。今川義元在桶狹間陣亡後，他才又改名為「家康」。

最悲慘的例子則是室町幕府第十三代將軍足利義輝。當時室町幕府已瀕臨滅亡，將軍地位徒有虛名，經濟狀況極為窘迫。據說，義輝落魄到賣名的地步，他擅自將自己名字中的「義」和「輝」這兩個字分別賜給地方大名，信中還特別記載使用費幾十兩云云。堂堂一位幕府將軍竟淪落到如此處境，反倒令人心生憐憫。

天。據說此舉也是半兵衛的計謀。半兵衛認為織田是個徹底的合理主義者，倘若秀吉真表現出一副負荊請罪的憔悴模樣，恐怕只會弄巧成拙。

這一招非常有效。織田聽聞秀吉每晚在城內飲酒作樂的報告後，不禁搖頭苦笑，沒多久就原諒了秀吉，並讓秀吉擔當平定中國地方的總大師。

黑田官兵衛正是在這時期加入豐臣秀吉的陣容。

官兵衛：智高震主揹黑鍋

豐臣秀吉身邊的兩大軍師——竹中半兵衛和

黑田官兵衛——均是文化素養極高的奇才。半兵衛因體質虛弱，才智多發揮在人際關係；官兵衛則擅長勸說，往往只靠一張嘴就能讓敵方無血開城。

比起半兵衛，官兵衛顯然較容易成為其他武將的眼中釘。

秀吉奉命率兵前往播磨時，住進官兵衛的居城姬路城。在官兵衛的嚮導之下，秀吉根本不用打仗，不到一個月便說服了播磨眾多地方領主臣服織田信長。這都多虧官兵衛於事前打通了地下渠道。

就兵法來說，「不戰而屈人之兵」是最完美的上策。然而，對草莽漢子出身的蜂須賀小六等人來說，這種策略相當於黑心腸、沒天良、不光明正大，是心地陰險毒辣的人才想得出的手段。直腸子的武將通常會高舉「明人不做暗事」的旗幟。

也因此，秀吉身邊的武將均苦口婆心勸說，必須提防黑田這個外人。只有竹中半兵衛看出官兵衛的非凡氣魄，力勸秀吉重用官兵衛。

「二兵衛」的相異之處，在於半兵衛下判斷時會拋開私人感情，顧全大局；官兵衛則偏重個人交情。

官兵衛之所以會把秀吉的書信當做家寶，也膽敢單身前往攝津有岡城，試圖說服臨陣倒戈的荒木村重，出發點都在偏重個人交情這點。

竹中半兵衛在生前應當也收過不少秀吉親筆寫的甜言蜜語書信，但很清楚自己的立足點。半兵衛心裡明白，只有跟在秀吉身邊，他才能發揮自己的知識才華。黑田官兵衛則不同，即便離開秀吉另找新主君，官兵衛遲早也能顯露鋒芒。

綜觀所有戰國武將的跳槽或背叛經歷，可以看出黑田官兵衛是個清心寡欲，誠實又專情的人。

日本歷史作家司馬遼太郎也極為欣賞黑田官兵衛這種性格，在小說中把他描寫為「沒有絲毫野心的名參謀」。

我覺得司馬遼太郎的判斷很正確。倘若黑田官兵衛是個野心勃勃的策略家，何必加入秀吉

◉ 修復後的姬路城，城主官兵衛雙手奉送給秀吉

的麾下？他可以先幹掉原任主君小寺，再說服所有地方領主擁戴自己，然後和毛利聯手，接著暗中做掉毛利，自己統一九州島。如此做不是更簡單嗎？

真正懷有野心的人是豐臣秀吉。

秀吉自己暗藏玄機，能說善道，腦筋又靈活，結果碰到一個腦筋轉得比自己快、口才比自己高竿的人。難怪秀吉會在登上天下人寶座後，逐漸漠視黑田官兵衛。就這點來說，德川家康也一樣慧眼識英雄，看出黑田不是庸才。

話說官兵衛被幽禁在攝津有岡城時，半兵衛已經患上肺病，病入膏肓。

當時，半兵衛和秀吉正在攻打播磨三木城。秀吉看半兵衛病倒，非常心疼，特地帶半兵衛入京，還找了京城名醫看顧，吩咐半兵衛必須留在京城專心養病。

但臥病在床的半兵衛聽聞官兵衛行蹤不明，又聽聞織田信長打算殺死官兵衛的嫡子松壽丸的消息後，即不顧自己的健康狀態，馬上離京，著手進行搶救松壽丸的隱密活動，之後又回到秀吉身邊協助攻打三木城。

一五七九年六月，半兵衛終於在陣地病歿，享年三十六。遺骸埋葬於三木城附近的平井山山中（三木市平井山觀光葡萄園）。

同年十一月，有岡城陷落。

虎口餘生的官兵衛被救出時，不但頭髮掉光，全身患上皮膚病，更瘸了一條腿。官兵衛出來後才知道半兵衛救了自己的兒子，並已病逝在戰場。

官兵衛在幽禁期間，無論荒木村重如何威逼利誘，始終堅守原則，沒有站在荒木那邊幫忙對抗織田的攻城軍。

織田聽了報告後，感動不已，痛悔不該殺掉官兵衛的兒子。後來又聽說半兵衛於生前偷偷救了松壽丸的性命，這才放寬心，對半兵衛的做法讚不絕口。

織田在本能寺喪命時，豐臣秀吉和黑田官兵衛正在備中（岡山縣西部）水攻毛利軍的高松城。

許多歷史電視劇很喜歡描述這段軼事。據

說，當時官兵衛奸笑著對茫然自失的秀吉說：

「主君，這是您登上天下人寶座的良機。千載難逢，萬萬不能錯過。」

如此描述確實有戲劇性的高潮效果，不過這並非事實，也不合常理。

當時，織田信長雖斃命，但織田家還有次子織田信雄和三子織田信孝，長孫三法師也安全逃脫。就算黑田官兵衛的腦筋再怎麼靈活，也無法預測政情會滾成什麼樣子。這是已經知道歷史結果的後人添枝加葉的情節。

官兵衛在當時只是建議秀吉隱瞞織田喪命的噩耗，馬上和毛利軍談和，再立即撤軍趕回京城。

之後，豐臣秀吉直上青雲，黑田官兵衛反倒被丟在凡塵。再之後，秀吉病歿，「關原合戰」爆發。

「關原合戰」東軍的最大功勞者正是當年差點被織田殺死，幸虧竹中半兵衛伸出援手，好不容易才死裡逃生的松壽丸——黑田長政。此時的黑田官兵衛已把家督讓給兒子，落髮為沙門，改名黑田如水。

秀吉病倒後，官兵衛即明白天下將落入德川家康手中。官兵衛在侵朝戰爭時便已看清豐臣政權的內部矛盾，何況他早年為秀吉效力，晚年卻飽受冷落，早就不指望豐臣家。諷刺的是，德川家康對官兵衛也防得很緊。

黑田長政的正室名叫阿糸，是蜂須賀小六的女兒，亦是豐臣秀吉的養女。十歲時嫁進黑田

◉ 黑田長政／福岡市博物館珍藏

家，和長政生了個女兒，夫妻感情很好。

「關原合戰」當時，蜂須賀小六已過世多年，繼承家督的是阿糸的哥哥蜂須賀家政。蜂須賀家政其實是親家康派，但終究是豐臣家舊臣。德川家康為了不讓黑田家因阿糸的關係而靠攏西軍，硬逼長政休掉阿糸，另娶家康的養女為正室。

黑田長政婚後第十天，便加入遠征會津上杉景勝的德川軍陣容。長政臨行前曾吩咐留守黑田家的三名家老，說西軍石田三成若派人來領取人質，能逃就逃，萬一逃不成，先殺掉可能成為人質的長政老母親和新婚不久的正室，家老們再隨後自戕。

這三名家老都是官兵衛時代的家臣，當然很清楚事到臨頭該如何逃難。

不料，石田三成的動作更快，長政剛出發，黑田家即被西軍派來的軍隊團團圍住。不僅黑田家，許多住在大坂的東軍將領宅邸也全被包抄。

黑田家三名家老先讓老夫人和夫人藏身在米袋，再假扮成販子，分別用扁擔挑出，暫時躲在宅子後門一旁的倉庫中。家老回屋換裝後，再對奉命來接人質的隊長說，老夫人和夫人目前身體不適，臥病在床，能不能緩幾天再接她們進大坂城？

隊長派小兵進屋遠遠確認了躺在床上的兩個女人身姿後，才答應最多只能緩三天。

床上的兩個女人其實是侍女假扮的替身。真正的老夫人和夫人都躲在後門一旁的倉庫中，卻因宅邸遭層層圍堵，無法脫身。

第二天夜晚，遠處傳來警鐘聲。原來是發生火災。

混亂中，有人來傳達命令，讓圍在黑田宅邸外的軍隊去救火。

黑田家三名家老趕忙趁機掩護兩個女人前往大坂灣，再搭船逃到北九州豐前（福岡縣）官兵衛駐守的中津城。

火災肇事者是明智光秀的女兒細川玉，亦即戰國時代著名女子之一細川加拉夏（Gratia）。

細川加拉夏是細川忠興的正室。忠興深愛這

◉ 細川加拉夏

個妻子，在妻子成為「逆臣的女兒」後，也捨不得休掉，只是把妻子隔離幽禁在京都丹後山中。兩年後，豐臣秀吉掌握了政權，允許細川忠興迎妻子回家，加拉夏才再度和丈夫同住一起。

之後，加拉夏入基督教，接受洗禮。適逢豐臣秀吉禁止大名信基督教，所幸加拉夏隱瞞了事實，沒讓丈夫發現。

「關原合戰」時，丈夫細川忠興剛好隨家康遠征會津，留在大坂的加拉夏當然逃不過石田三成的東軍將領家眷人質政策。但基督教嚴禁自殺，加拉夏為了拒絕西軍，只能命家老用長矛從房外刺死自己，再點燃炸藥燒掉宅子和屍體。（另有一種說法是加拉夏沒有命家老刺死自己，而是遭暗殺。）

細川加拉夏享年三十八歲。當時留守大坂細川宅邸的所有家臣也都隨後自殺。

如此看來，是細川加拉夏間接救了黑田家老夫人和夫人，以及三名家老和幾名侍女的性命。

一般日本男性作家提到「關原合戰」時，總是不厭其煩再三描述某武將立了什麼功，某武將做出什麼決定性行為，等等。其實合戰幕後有許多武將家庭悲劇，只是史料不多，鮮少有歷史作家以此為題材代這些弱勢婦孺發言。

細川加拉夏算是例外中的例外，因為她太有名，知名度絕不亞於織田信長的妹妹阿市，更有不少作家以她為題材寫成小說。

延續百年的莫逆交情

德川家康利用婚姻關係綁住黑田長政，石田三成也遣使者到豐前中津城試圖拉攏黑田官兵衛。無奈石田三成在豐臣政權時代樹立太多政敵，官兵衛正是其中一人，怎麼可能答應呢？但也不能一口拒絕。

官兵衛敷衍回道：

「既然是治部少輔（石田三成）相求，老夫當然願意拚這條老命。不過，事後的獎賞非九州七國不可。」

官兵衛當然無意加入西軍，只是對石田三成吹一下法螺，開出一張空頭支票而已。另一方，官兵衛也很擔心西軍會搶先征服九州島。九州島的主力東軍只有肥後熊本二十五萬石的加藤清正，另一人是唐津八萬石的寺澤廣高。不過寺澤廣高已跟隨家康前往會津，九州島除了沒有兵力的黑田官兵衛和加藤清正軍，剩下的都是西軍。

四十歲的加藤清正可以說正處於「打仗適齡期」，不但有實戰經驗，且霸氣未減。加藤清正並非家康派，應該是豐臣秀賴派。

黑田官兵衛於事前寫一封信給加藤，勸他千萬不要靠攏西軍。加藤在回信中開門見山闡明自己的立場：

一、在下受太閤秀吉大人的恩情比您老多出許多。

二、您老與在下之間的距離，比在下與治部少輔之間的距離近得多。

三、在下不會靠攏治部少輔，但願意和您老保持友誼關係。

四、這份友誼能否持久，完全看您老如何看待秀賴大人。

以上四項是加藤清正信中的重點。加藤的意思是，他和石田三成的關係不好，絕不會參與西軍；另一方，他和黑田家的關係雖然不是很親密，但至少比石田三成好多了；往後兩家能不能繼續保持君子之交，完全看黑田家對豐臣秀賴的忠誠度而定。

戰爭爆發之前，加藤清正的眷屬從大坂搭船逃回領國肥後時，避開舊路線豐後國，特地繞遠路到官兵衛的領地豐前中津登陸。

官兵衛也遣女侍送換穿衣服給加藤眷屬，並派人一路護送至肥後。可見加藤在信上雖說，能不能保持友誼全看黑田家對秀賴的忠誠度如何，但內心還是相當信任黑田官兵衛。

由於中津城的軍隊都被兒子帶走，官兵衛為了守護九州島，只能打開城內金庫，大抛金銀米糧召集領內老百姓，臨時訓練成一支九千兵力的速成軍。

「九州關原合戰」打得比「美濃關原合戰」還要長。美濃那邊在開戰當天就決勝負，九州這邊卻整整打了兩個月才停戰。

日本有不少戰國武將簡介書描述黑田官兵衛打算先平定九州島，再攻打中國地方，進而和關原勝者交戰，最後爭奪天下。不過，只要稍微深入理解當時的戰況，即能明白此說法根本是在做白日夢。

既然如此，為何有這麼多後世文人或專家支持此說法呢？因為這是吾輩後世平庸庶民的集體潛在願望。

試想，假如西軍擁戴黑田官兵衛當總司令，「關原合戰」的勝者就不可能是德川家康，歷史也就必須改寫。

這種集體潛在願望並非表示吾輩後人否定德川幕府，而是純粹的「架空戰記」遊戲。畢竟在當時那種狀況下，唯一有可能顛覆「關原合戰」勝負的戰爭達人，只有黑田官兵衛一人。

諷刺的是，說服西軍主力軍小早川秀秋臨陣反戈相向，最終導致東軍大勝的人，正是官兵衛的兒子——黑田長政。

據說，長政回領國後，興高采烈地向父親報告德川家康握著他的手，讚歎他戰績輝煌。黑

◉ 中津城：黑田官兵衛的居城

田官兵衛當時平靜地反問：

「家康大人握的是你哪隻手？」

「右手。」長政不明所以地答。

官兵衛沉默了一會兒，再直視兒子的雙眼，依舊平靜地問：

「那時，你的左手在做什麼？」

意思是「你為何不用左手刺殺家康？」

這段軼事非常有名。

然而最初出現此軼聞的書籍是一九一六年出版的《黑田如水傳》，作者是金子堅太郎。這本書之前的任何小說或史料都沒有記載這段故事，連江戶時代眾多戰記小說也沒有此描述，可見上述插曲完全是創作，而非史實。

之後又經後代作家大肆渲染，結果將黑田官兵衛描繪成「具有窺覬天下大餅之野心」的武將。可憐的官兵衛，如果他地下有知，應該會氣得直跳腳。

話說回來，竹中半兵衛去逝時，獨生子竹中重門僅七歲，小黑田長政五歲。重門十六歲時才繼承了竹中家。這兩人曾在菩提山城一起度過少年時代，交情非常好。

豐臣秀吉過世後，竹中重門本來站在西軍那方，後來又改變主意，同親如兄弟的黑田長政聯手與西軍激戰。東軍與西軍的戰場「關原」正是重門的領地，熟知地理環境的重門幫黑田軍立下不少戰功。

戰後，竹中重門又在山中捕獲西軍重要武將之一的小西行長。德川家康不但親筆寫了一封戰功獎狀給重門，還特地犒賞一千石米糧，命重門建造戰歿者的墳塚。這一千石米糧，應該含有糟蹋竹中家領地的謝罪費。

家康沒有怪罪竹中家最初擁護西軍的行為，可能是黑田官兵衛和長政父子居中協調。

竹中家在德川幕府統治下的時代，世世代代始終保有六千石領地，身分是幕府直屬家臣。後來因分家才減為五千石。

黑田長政成為五十二萬餘石的福岡藩大名後，以厚祿聘請竹中重門的次子當重臣。這兩家的親密關係一直持續至明治維新以後。

我想，生前的竹中半兵衛和黑田官兵衛，大概做夢也不會想到兩家後裔的友誼會持續得如此久吧。

第四話
女中豪傑的東國戰華

甲斐姫

かいひめ　Kai Hime

不讓鬚眉的關東第一美女

◉ 薙刀術是武家女子必備武術／歌川國芳

英雄誠可貴，女人價更高

日本戰國時代有不少巾幗鬚眉，女城主和女武者的事例相當多。卻因為文書記錄者或江戶時代的軍記小說家全是男性，敘述故事的著眼點通常集中在武將英雄身上，以致這些女中豪傑的軼事往往隱沒於歷史巨浪中。

二十世紀後半，女性史研究學興起，另一方面，日本文壇也出現不少擅長寫政經、歷史小說的女作家，於是往昔被淹沒在狂瀾中的紅粉麒麟紛紛出籠，好似昏鏡重磨，一個個陸續颯爽登場。

最有名的戰國女大名，是今川義元的母親壽桂尼。壽桂尼出身貴族公卿家，因嫁給戰國大名今川氏親，成為武家女。丈夫過世時，繼位的長子才十四歲。

在戰國時代，這種例子通常由家老等級的重臣輔佐政務，今川家卻讓正室夫人登上國主地位，所有公文全用夫人的蓋印。

據說今川氏親晚年中風，約十年時間臥病在床，這期間都由夫人輔佐政務。可能正因為夫人具有執政才幹，氏親過世後，眾家臣才會心甘情願讓夫人掌權，成為名副其實的「駿河女大名」。

之後，今川家長子和次子在同一天驟逝，壽桂尼讓親生三子義元還俗，繼承了今川家。不料義元竟死在織田信長手下，年屆七十高齡的壽桂尼只得再度出面，輔佐二十出頭的孫子掌持政務。無奈她的努力也無法挽救落潮般的今川家，她過世八個月後，今川家也步上滅亡之途。

另一位是「九州軍神」立花道雪的獨生女立花誾千代，六、七歲即繼承筑後（福岡縣）柳川城城主地位，十二歲左右組成女槍砲隊，十三歲招贅，將城主地位讓給丈夫立花宗茂。

「關原合戰」時，立花宗茂不聽妻子勸導，逕自參與大坂西軍。誾千代既不喜歡德川家康，更討厭石田三成，可丈夫既然參軍，她只能留在城內作壁上觀。不料德川家康東軍的鍋島、黑田、加藤三將負責攻打柳川城，身為前任城主的誾千代只得率領城內數十名老弱殘兵應戰。

柳川城雖然位於立花山頂，但非山城，而是平城，不適合籠城（守城）戰，誾千代決定親自出城臨陣接戰。她身穿甲冑，手持薙刀，率領由城內侍女組成的二百餘女槍砲隊，在柳川西側渡船口開槍抵擋鍋島水軍。之後又在加藤清正軍前來的幹道途中，設置沒有軍隊的「大本營」。

加藤清正在抵達柳川城之前就得知此消息。對加藤清正來說，柳川城根本不堪一擊，但堵在幹道途中的人是鼎鼎大名的西國女丈夫，怎麼辦呢？

若真要和誾千代對打，應該易如反掌，但好男不與女鬥，何況誾千代的「軍隊」是手持鋤頭、耙子的老百姓，就算打贏了，恐怕也會遺臭萬年。

束手無策的加藤只得退兵，繞道而行，之後直接和誾千代的丈夫立花宗茂交涉，讓誾千代無血開城。

其他另有真田信之夫人，亦即本多忠勝的長女小松姬，在丈夫出征「關原合戰」參與東軍時，為了守住上州沼田城（群馬縣沼田市），也身穿甲冑手持薙刀登上離城門最近的箭樓，

◉武家女性的武術

在狼煙四起的非常時期，往往不分男女老幼貧富貴賤，都得張弓拔刃，保家衛國。尤其碰到籠城戰時，男人出城打仗，女人在城內也得負責挖掘壕溝、築石寨土堡、鑄造子彈等。出身武家的女子自幼便得學武術，武器通常是長柄薙刀。

薙刀術是日本固有的武術，創始者不詳，只知在千年前的平安時代便存在。江戶時代以後成為女性武道代表，現代日本也很興盛，有各種流派和比武大賽及段位。

戰國時代的武家女性，除了薙刀術，有時還得學火繩槍射擊。據說在織田信長組織職業軍隊之前，當時的男人偏重個人技藝的弓箭術或長矛術，視火繩槍為女人的武器。九州島的大名因比較容易進口火藥，火繩槍製造技術及射擊技巧比本州島的大名高竿。

阻止參與西軍的公公真田昌幸和小叔真田幸村進城。

女城主或城主夫人全副武裝率領娘子軍及老弱殘兵固守城池，可謂理所當然。不過，手無寸鐵的戰國老百姓女子也不讓鬚眉。年輕力壯的男子通常為了賺錢而志願到前線當步卒，也通常一去不回，大半都化為硝煙彈雨中的一粒渺小戰塵。

留在村落留守薄田朽屋的正是女人。

但倘若耕田被敵軍蹂躪，房子被燒毀，居無定所的女人們就躲在草叢中用竹子刺殺落荒而逃的武士，搶奪他們的甲胄和武器，變賣為銅幣以養活家中老人或幼兒。

一將功成萬骨枯，武將名臣可以青史留名，但幕後有多少可歌可泣的生死離別呢？又有多少馬革裹屍埋骨異鄉的人呢？英雄誠可貴，無名小卒亦動人，然而，女人價更高。

以下敘述的是日本戰國時代一位巾幗英雄傳奇故事，原始典故出自江戶時代軍記書《成田記》。

甲斐姬的故事並非虛構，而是史實。埼玉縣縣史《埼玉叢書》第二卷有〈忍城戰記〉一篇，埼玉縣行田市青年會議所亦發行《忍城甲斐姬物語》小冊，行田市政府於一九五八年發行的市史《行田史譚行田市史別卷》中也有〈忍籠城〉篇目。其他《關東古戰錄》和《小田原北条記》均有記載。

體內流著關東超猛老太婆的血液

天正十七年（一五八九）十一月，豐臣秀吉向諸大名發下遠征小田原（神奈川縣小田原市）軍令，預計於翌年攻打長年統治關東地區的北条氏。

這時秀吉已經平定西日本，九州、四國盡在掌中，實質上算是「天下人」。但關東地區名門北条氏似乎仍不肯俯首聽命，關東以北的伊達政宗亦蠢蠢欲動，秀吉決定訴諸武力討伐北条，再看情況順便滅絕伊達家。

北条氏絲毫不擔憂，依舊悠悠然高枕而臥。

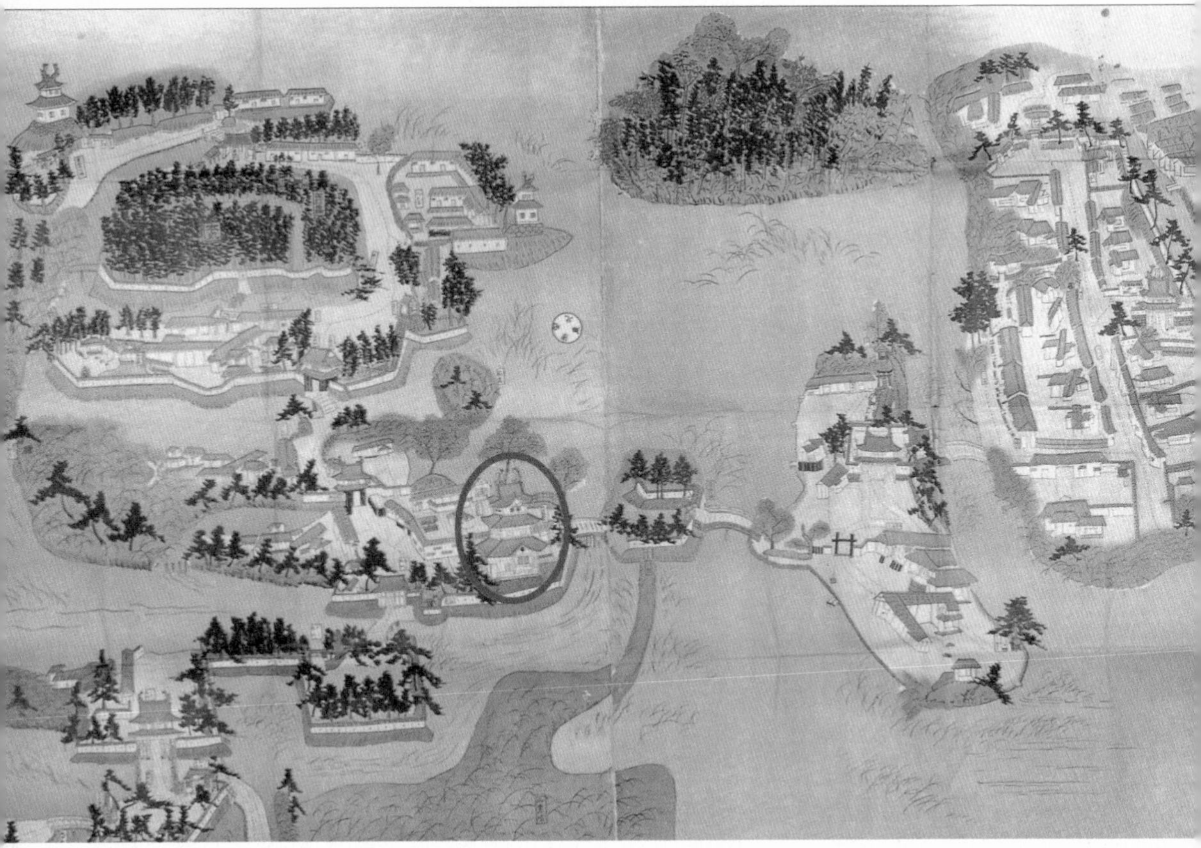

◉ 1873年繪的忍城鳥瞰圖。紅圈圈內是三層望樓，類似天守閣，左上方是本丸

大坂以北有信長的兒子織田信雄，還有個老奸巨滑的德川家康，何況北条家和德川家是盟友亦是姻親，秀吉怎麼可能遠征關東？再說關東入口有險峻的箱根山，就算秀吉能突破天險入侵關東，北条家只要和伊達家結盟即可。若織田、德川、北条、伊達四雄聯手抵禦，秀吉又能奈何？這是北条氏打的如意算盤。

算盤雖打得滴溜溜轉，北条家仍進入戰備狀態以防萬一，不但徵兵、蓄糧，還讓各寺院上繳梵鐘以鑄造大砲兵器，並趕工修築小田原城、建造新城等。整個關東地區鬧得人心惶惶。

北条氏的根據地是相模國

（神奈川縣）小田原，第一代城主是戰國大名先驅北条早雲（請參照《戰國日本》，遠流出版，二〇一〇）。豐臣秀吉攻打小田原城時，北条氏已歷經百年五代，第五代領主是北条氏直。

此時的北条氏版圖包括上野國（群馬縣）、下野國（栃木縣）、常陸國（茨城縣中部東部）、武藏國（埼玉縣、東京都、神奈川縣東部）、相模國、伊豆國（靜岡縣伊豆半島）、上總國（千葉縣中部）、下總國（千葉縣北部、茨城縣西部）、安房國（千葉縣南部），領地內擁有百餘座大城小城。

其中有座名為忍城的小城，位於武藏國北方邊境（埼玉縣行田市），日後成為關東七名城之一。

這時的德川家康還未分封至關東地區，而關東地區的政治中心是小田原，武藏國北方邊境算是窮鄉僻壤，忍城在當時更是座名不見經傳的鄉下小城。城主是成田氏長，築城者是氏長的祖父。

成田家雖隸屬北条氏，但不是譜代家臣，而是歷史悠久的當地豪族。因夾在北条氏與上杉氏之間，時而從屬上杉家，時而倒向北条氏，經常見風轉舵，看風頭而變節，老百姓才得以過著太平日子。由於統治者代代都是成田家，歷代城主與老百姓之間感情深厚。對老百姓來說，成田家雖是統治者，卻類似世襲族長，敬而不畏，親而不狎。

翌年正月初二，北条氏所有重臣武將均聚集在小田原城開會；初四，終於決定籠城。

另一方，忍城眾家臣也在本丸主殿商討對策。小田原那邊早已三番兩次派使者送來書信，要求忍城城主於二月上旬之前率兵進駐小田原城。

忍城的正規武士不及五百騎。眾臣商議結果，決定由城主帶三百五十騎精銳武者前往小田原，剩下的七、八十騎老將殘兵則留在城內守備。

二月十二日，忍城響起高昂號角聲。

成田氏長率先騎馬跨過擱在城門地面的白

◉ 1988年重建的忍城三層望樓

刃，三百五十名英勇騎兵也依次跨過，肅肅進行出征儀式。每名騎兵都身穿五彩繽紛的自備甲冑，軍旗隨風飄揚，好不威風。只是大部分可能都沒有實戰經驗，畢竟忍城過去三十年來都與戰火無緣。

根據成田氏家臣團名簿〈成田分限帳〉記錄，此時跟隨城主前往小田原的武者都是弓箭能手、長矛能手之類的年輕勇士。換句話說，留在城內的重臣不是文官就是老將。城主代理人的城代是氏長的叔父成田泰季（肥前守，官位從五位下）。

我們再來看看留守城內的主要女人到底有哪些人物。

地位最高的是城主夫人（名字不詳），為太田道灌的玄孫。太田道灌是名滿天下的關東武將，亦是建築江戶城的築城名人。既然夫人是太田道灌的後裔，當然是女中丈夫。

接下來是成田氏長的長女甲斐姬。甲斐姬是氏長前妻的女兒。

《成田記》描述這位前妻「是個美女，膂力勝過男人」，卻因政治因素，在甲斐姬兩歲時被迫與氏長離婚。

氏長很愛這位前妻。前妻被迫離開忍城時，氏長抱著兩歲大的甲斐姬目送妻子離去。

前妻在忍城後門附近的第一座橋向父女告別，在渡過第二座橋時又情不自禁回頭落淚，因此這兩座橋分別稱為「緣切橋」和「淚橋」。

甲斐姬的外祖母是著名的關東女傑妙印尼，也是日本戰國時代最勇猛的老太婆。

妙印尼七十一歲時，兩個兒子與北条氏敵對，受騙遭幽禁，當時她身穿甲冑手持薙刀實行籠城戰，與北条氏作對，最終保住兩個兒子的性命。妙印尼七十七歲時，也就是秀吉攻打小田原這一年，兩個兒子被迫前往小田原城支援北条氏。

妙印尼看出北条氏肯定會輸，遂讓十歲孫子舉起大將旗幟，率領三百士兵參與前田利家和上杉景勝的聯合軍，一起攻打上野國松井田城，之後又轉戰各地建立功勳。

小田原城陷落後，前田利家向豐臣秀吉說：

「這個老太婆非常厲害，有本事。」

秀吉聽了深感興趣，於戰後召見妙印尼。

◉ 忍城本丸土堡遺跡／© Kh2K

妙印尼懇求秀吉饒恕兩個兒子。結果秀吉不但沒有懲罰妙印尼的兩個兒子，還立他們為大名。有趣的是，秀吉在分封朱印狀上寫的名字是「妙印尼」，意即妙印尼才是真正的領主。

簡單說來，甲斐姬站在北条氏這方，外祖母則站在豐臣秀吉那方，祖孫兩代於同一時期馳騁沙場。雖然立場不同，卻證明了鳳生鳳的血統遺傳奧妙。

忍城的故事主角正是城主夫人和甲斐姬。一是關東最強武將太田道灌的玄孫女，一是關東超猛老太婆的孫女，當這兩位女中豪傑聯手時，忍城即浩浩蕩蕩地奏起命運交響曲。

二萬五千大軍打三千七百小民

小田原城是座平城，亦是都市城。雖然沒有城牆，但東方是大海，南方有早川，北方有山王川，三面環水，另有護城河、空壕、土堡之類的防備設施，在當時是著名的「天下第一堅城」。

忍城城主進了小田原城一個月後，秀吉大軍便突破箱根山，團團圍住小田原城。城外全被來自日本各地的諸將軍隊淹沒，五花八門的陣形和臨時成立的市集如春筍怒發，形成無數個熱鬧小鎮，宛如現代的世博會；夜晚更是酒綠燈紅，毫無硝煙味。

秀吉從京都順著東海道東行時，更像個深恐別人不知道他錢多多的暴發戶，馬隊金光閃閃。無論葫蘆馬印（豎立在大本營的旗桿）或軍旗，均貼上金箔，甲冑和箭筒也是金色，而坐在轎子上的卻是個既像猴子又像禿鼠的矮小男人。不過，光是陣容就足夠令沿途湊熱鬧的人群大飽眼福。

豐臣秀吉攻打小田原城時，石田三成正值三十一歲，官位從五位下，官名治部少輔，歷任「堺奉行」和「檢地奉行」，居豐臣政權中樞地位。

秀吉命石田三成負責攻打散在上野、武藏、下野三國的北条氏諸城，同行武將是大谷吉繼和長東正家。

根據《小田原北条記》，石田三成擔任大將，大谷吉繼兵力約六千五百，長束正家兵力約四千六百，加上後來加入的其他關東武將兵力，總計約二萬五千。

上野國形狀像隻朝東方展開雙翅的鶴，館林城位於鶴嘴部位的沼澤半島，是座水城。鶴嘴尖端是本丸，其次是二丸，根部是三丸，三丸外側是寬二十米以上的城濠。山腳四周佈滿重臣宅邸，防禦堅固。

明治四十年（一九〇七）出版的石田三成傳記《稿本石田三成》描述，石田聯合軍於四月二十八日自箱根湯本出發，兵力二萬七千。五月二十七日攻打館林城。

館林城籠城兵有六千餘，地理位置險要，不易攻下，石田三成決定在沼澤中央築一條十六米寬的大道。而四月中旬敗在德川家康手下的北条氏旁系北条氏勝，奉命出任武藏國諸城嚮導，這時剛好來到館林城。館林城守將經北条氏勝勸說，於五月晦日開城降伏。

石田聯合軍以破竹之勢乘勝南下，六月朔日

◉ 利用外層護城河整修而成的水城公園／© Kh2K

抵達忍城。

忍城也是座水城，但結構比館林城更複雜。

確切說來，忍城不是「一座」城，是由散在於廣大沼澤及湖泊中的幾個小島構成的天然要塞。主殿本丸、城主居所的二丸、城主家人居所的三丸，以及重臣宅邸均建在各自獨立的小島上，小島與小島之間架橋連接。但並非各個小島之間都有橋，有些小島必須通過其他小島才能抵達，簡直像座水上迷宮。而且只要改變橋的位置，路線就完全兩樣。

這一帶南方有荒川，北方有自西邊往東南方奔流的利根川，經年氾濫成災，長年累月下來，自然而然形成沼澤、湖泊、小島的地形。

忍城出身的鄉土史家清水雪翁，於明治四十年（一九〇七）出版的鄉土史書《北武八志》卷三〈城塞志〉中描述，他記憶中的忍城全貌是「牙城老杉鬱密，晝猶暗，無館舍。東堞隅有松樹，呼懸鐘松，盤臥映水，為成田氏時代懸陣鐘之松」。

清水雪翁生於一八五八年，新政府陸軍省決定拍賣拆卸忍城是明治六年（一八七三）。由此看來，他幼時記憶中的忍城應該是幕末至明治時代初期的模樣，與石田三成攻打忍城的年代至少相隔二百八十年的時空。

倘若幕末時代的忍城仍給人「老杉鬱密，晝猶暗」的印象，戰國時代的忍城應該有更多沼澤、湖泊、護城河、密林等，類似與世隔絕的秘密基地。

忍城的守城眾人自城主離開後，即進入備戰狀態。所幸沼澤長滿荷花，城濠中魚類豐富，光是蓮藕和鯉魚、鯽魚之類的淡水魚，即便籠城也能自給自足。

城主在決定率軍前往小田原之前，便吩咐夫人和甲斐姬說：

「妳們雖是女人，卻是勇猛的坂東女，希望妳們盡全力守住忍城。但千萬不能莽撞行事，萬一被敵軍雜兵抓住，後果可就不堪設想。」

這句話應該是針對性格剛強的甲斐姬而說。城主說得很有道理。

在戰場會對女人非禮的人，通常是身分卑賤的小兵。大將身分的人絕不會因一時色慾衝動而失去統御大局的理智。不過，秀吉於四、五月便連續發出禁令，不准士兵放火、掠奪或非禮婦女，軍令極為嚴格。

《北武八志》記載行田市有三寺院各自珍藏三封當時秀吉發下的禁令朱印狀。

留守城內的老將年齡都已過四十、五十，守將是正木利英（丹波守），主將有酒卷靭負、柴崎和泉守、橫田大學、篠塚山城守等人。雖是老將，卻都有實戰經歷。

甲斐姬芳齡十八，據說是關東第一美女，只是個性好強，像匹悍馬，沒有人管得住她。至於城主夫人，《忍城戰記》描述：

「城主夫人謀勇兼備。命城內所有婦人挖濠備戰。因出自婦人手中，故名為『笄堀』。」

「笄堀」一名稱來由是城主夫人換上粗衣，用布巾蒙住臉部，同其他老百姓婦女和城內侍女

◉ 移築至埼玉縣加須市總願寺的北谷門／© Kh2K

一起挖掘壕溝時，不巧掉落玉笄，眾人才察覺全身沾滿泥垢的人原來是城主夫人。

城主夫人召集留守城內的宿老，吩咐道：

「我們城內沒有正規軍隊，全是雜兵。你們去命附近村落所有老百姓都進城，無論農民商家，神社神官或寺院和尚，讓他們把家中食糧、日用品、牲畜都帶進城內。反正這些東西留在家裡只會被敵軍奪走。」

如此，忍城附近的老百姓全進城避難。

《忍城戰記》記述，十五歲以下的童子軍有千人以上，籠城人口總計三千七百餘人，其中約八成老百姓都是臨時戰鬥員。

這在日本戰國時代是空前絕後的例子。

「簡直是一座有生命的浮城！」

館林城離忍城約十五公里。石田聯合軍攻下館林城的消息立即傳至忍城，忍城內的守將均大驚失色。

這也難怪，比起忍城，館林城不但是大城，亦是著名的堅城，眾人都沒想到館林城會這麼快就陷落。忍城的留守正規武士頂多只有八十名，雜兵約四百名，其他都是農人、工人、商人、女人、老人、童子等手無寸鐵的老百姓。

忍城有七個守備口，自北方順時針方向，依次是北谷口、長野口、佐久間口、下忍口、大宮口、持田口、皿尾口。這些守備口並非環繞護城河的橋口，亦非城門，而是自護城河往四面八方伸展的蜿蜒小徑。

忍城眾守將商議結果，決定在各小徑途中設置前鋒陣營。即便前鋒陣營陷落，敵軍也無法率軍一直線攻進城內。何況小徑途中不但有小橋，還有水稻田徑、沼澤、護城河等，這七個守備口算是最外圍的前線。

- 北谷口守將：西木十郎、横田大學等人，雜兵三十，農民二百。
- 長野口守將：柴崎和泉守，雜兵三十，農民三百。
- 佐久間口守將：正木丹波守，雜兵四十，農民、商人四百三十。
- 下忍口守將：酒卷靭負，雜兵一百，老百姓六百七十。
- 城門大宮口守將：齋藤右馬助等人，雜兵四百二十，老百姓、商人五百。
- 持田口守將：松木織部等人，雜兵二十五，老百姓多數。
- 皿尾口主將：篠塚山城守，雜兵二十五，老百姓、商人一百五十。

以上數字和主將名字均根據《忍城戰記》，但應該並非各個守備口每天都有上述那些人數和固定守將，而是看敵軍攻打哪個守備口，守將再臨機應變帶領籠城雜兵及老百姓應戰。

童子軍則負責到處揮旗擊鼓，讓敵軍以為沼澤湖泊密林內有眾多守備兵。女人除了負責炊事，還得幫忙搬運兵器子彈，堆壘挖濠，照顧傷兵。

據說，石田三成率二萬多聯合軍包圍忍城。炎炎夏日的農曆六月初，水稻尚未抽穗，放眼望去一片油綠光潤。但這片田園風光外圍卻延綿不絕插滿各式各樣的軍旗。

石田聯合軍大本營設在古墳群之一的丸墓山頂。往昔，上杉謙信亦在丸墓山設大本營眺望忍城，最終仍束手無措，只得打道回府。

行田市有九座大古墳，三十五座陪臣小圓墳，一座方墳，故有「百塚」地名。目前仍不知這些古墳建於什麼時代，但古墳之一出土的鐵劍刻有一百一十五個金象嵌銘漢字，考古學家推測可能建於五世紀後半。丸墓山則建於六世紀後半，在日本是規模最大的圓墳。

話說回來，《羽生市史》記載，石田率七千士兵攻打南方下忍口時，守將酒卷靭負帶雜兵和老百姓擊潰石田軍三百前鋒隊，令石田軍前鋒隊死傷慘重。史料記載，在這場長達將近兩個月的籠城戰中，酒卷靭負的守備軍最勇猛。

石田聯合軍無論攻打哪個守備口，都無法突破前線。甲斐姬每次聽聞石田聯合軍進攻時，總是身穿粉紅碎花甲冑，披著緋紅披風，腰佩家寶名刀「浪切」，手持銀色麾令旗，騎黑馬帶頭衝至前線。

黑馬後跟著一群護衛甲斐姬的老兵團，有人腳步踉踉蹌蹌，有人跑得氣喘吁吁，卻都不顧生死衝鋒陷陣，層層圍住甲斐姬，最終再擁甲斐姬回城。

對這群老兵來說，甲斐姬是他們的偶像，每人都抱著即便豁出老命也不能讓甲斐姬受到一丁點皮肉傷的決心。

籠城期間，七十八歲的城代成田肥前守病逝城中。城代職責轉移至肥前守長子成田長親肩上。

成田長親和城主是堂兄弟，此時四十五歲。

◉ 丸墓山古墳／© Kh2K

長親不會打仗，個子不高，舉止言談毫無武將風格。但他總是泰然自若，不拘小節，平日時常到各村落遊逛，和老百姓談天說笑。這種人在籠城戰時，最能安撫人心。

打仗的事交給各守將負責，長親只須在城內逛來逛去，探問老弱百姓，鼓勵臨時接受軍事訓練的農工商民兵，和婦女開開玩笑，教授童子軍該如何揚旗擊鼓，等等。

光是如此便能令籠城老百姓團結一心。

頭痛不堪的是豐臣聯合軍。館林城只花三天便陷落，豐臣軍本來預計不須半天即能攻下忍城，不料圍城已七天，連忍城最外圍的前線都無法突破。

秀吉接到報告後，隨即下令改用水攻。秀吉自身在小田原歌舞作樂，沒有實際目睹忍城的構造，只憑地圖便判斷用水攻。

實際身在戰場的石田三成、大谷吉繼和長束正家等人，均深知忍城不適合水攻。秀吉卻再三下令堅持水攻，還在信中說，水攻時，他將帶其他大將親自前來參觀。

秀吉堅持水攻的目的，應該是一種演出。

水攻必須築堤，花費龐大，但就演出目的來說，確實能令古來就定居關東地區的坂東豪雄目瞪口呆。如果水攻戰略成功，不但能誇示秀

◉ 古墳公園的石田堤／© Kh2K

◉ 高麗門形式的城門／© Kh2K

吉的財富，也能令關東武將甘伏。何況秀吉於天正十年（一五八二）正是用水攻戰略奪下備中（岡山縣）高松城。

石田三成拗不過秀吉的命令，只得到處立牌榜，招募壯工。忍城四周三里以內的村民全進城避難，石田只能派人到鄰近村落募集築堤壯工。條件是白天一人一升米，外加六十文錢；夜間一人一升米，外加一百文錢。

這時期的水稻正處於生長期，只待秋收，在家閒著沒事做的村民蜂擁而來。

壯工和士兵日以繼夜趕工築堤，連結荒川和利根川這兩條大河。七天後，長二十八公里、高九米、寬七米的堤防終於竣工。

然而，石田聯合軍中竟無一人察覺堤防設有陷阱。

築堤壯工中有不少本應守在忍城內的老百姓和士兵，他們偷偷出城混在壯工中搞鬼，堤防地基有幾處均為偷工減料的豆腐渣。

石田三成和其他武將在丸墓山上遠眺，靜待成果。

堤防內的水量雖逐漸上漲，忍城照舊屹立不搖，犧牲的是農民辛辛苦苦種的稻田。

忍城之所以建在沼澤湖泊中，是因為該地比周遭的稻田村落高。經年累月遭水災的當地統治者，怎麼可能選擇河川氾濫時會被淹沒的地形呢？事實上，德川家康分封至關東設立幕府後，直至忍城於明治維新被廢城之前，兩百六十多年的代代藩主始終沒有遷移城址。

因忍城四周沼澤水位上漲，敵軍無法開戰，忍城內的籠城兵和老百姓乾脆趁機休戰各找樂子。有人釣魚，有人游泳，婦女忙著搗衣，童子跑來跑去抓青蛙放風箏，甲斐姬和武將甚至在城內泛舟歌舞作樂，猶如在舉行慶典。

石田聯合軍眾武將在丸墓山聽著遠處傳來的歌聲，紛紛嘆道：「這簡直是一座有生命的浮城！名副其實的水府龍宮。」

唯一沒有失守的小城

堤防竣工沒幾日，恰逢梅雨期。偷工減料的

人工堤防終究敵不過大自然的河川流向，連日豪雨令本就經常氾濫的兩條大河怒濤洶湧，此仆彼起地撞擊堤防。

堤防終於決堤，大水直擊丸墓山石田聯合軍大本營。

《三河後風土記》記載，石田聯合軍「死者二百七十餘人」；《成田記》則描述石田三成自身也遭奔流吞沒，差點兒去拜見閻羅王。

石田聯合軍的陣地全被泥濘淹沒，別說打仗了，連走路都會滑倒，不但士氣低落，士兵還得收拾殘局。

秀吉於六月二十日發信說：「已派遣淺野長政、真田昌幸等人前去支援。」信中還特地強調：「務必持續水攻。」

二十一日收到信的石田三成簡直要瘋掉。堤防都毀了，還說什麼水攻？

陸續前來支援的武將不僅淺野和真田，連德川家大將本多忠勝也加入陣容。包圍忍城的兵力已將近四萬，負責攻擊的武將都是百戰功高的人，卻依舊攻不下忍城。

七月一日，真田軍前鋒隊長真田幸村率二百騎攻打忍城西方持田口。

真田幸村此時二十三歲，他率領的小隊個個人強馬壯，「六文錢」軍旗更是名滿天下。然而，真田幸村率領的勇士隊雖令籠城兵心驚膽戰，卻也沒法攻破由無名小卒和老百姓守備的持田口。

雖然勉強可以在〈成田分限帳〉中找到「大力士三宿虎之助於持田口奮戰」、「松木織部守持田口」、「持田口守將水谷入道」、「溝口外記、溝口內記守持田口」等人名，但〈成田分限帳〉相當於現代的公司職員名簿和戰績年薪記錄，後人完全無法得知上述那些人到底是何方神聖。只知道甲斐姬在此時又衝出去攪局，連身經百戰的真田幸村也拿她沒辦法。

小田原城於七月五日降伏開城，忍城城主成田氏長也投誠於秀吉麾下，但忍城內的守將和老百姓均不知此訊息，仍在籠城。

天下所有堅城都落入秀吉掌中，唯獨武藏國邊境的忍城牢不可破，堅不可摧。

秀吉百思不解。

為何在眾多猛將的包圍下，一座無名小城竟如天上浮雲，看上去輕如鴻毛，卻遙不可及？

這回，秀吉再度命上杉景勝、前田利家前去支援。

看來，日後青史留名的所有名將，在此時都聚集在武藏國邊境攻打一座荷花盛開的小城。

這時，德川家康向秀吉建議：

「用武力攻下忍城，恐怕也不得人心。何況忍城的籠城人都是主動進城的老百姓。坂東人的英雄是平將門，古來便獨立自主，以反骨精神為榮，用強硬手段只會把他們逼至寧死不屈的最壞結果。我認為只有城主成田氏長才能解決問題。」

德川家康並非特別仁慈才如此建議。北条氏下台後，關東地區將歸德川家康管轄，他當然不想讓自己的領地因戰火只剩一片餘燼，所以在這場遠征中都盡量用講和手段。

成田氏長自然也不願讓自己的夫人、女兒、家臣和老百姓繼續不顧性命地籠城。於是寫了一封信遣人送到夫人手中，命忍城開城。而且秀吉開出的條件非常寬大，不殺任何人，也不沒收城內任何財帛，所有老百姓都可以帶自己的私產家具及牲畜出城回家。

開城那天，夫人和甲斐姬身穿甲冑，騎在馬背，重臣和侍女跟隨其後，接著是沒在青史留名的眾多戰士，最後是數千名男女老幼的老百姓，一個個井然有序地出城。

忍城最終雖然開城，但並非打敗仗而陷落。那是豐臣秀吉平定關東地區時唯一沒有失守的小城，亦是獨一無二的例子。

據說德川家康極為欣賞忍城那些守衛戰士，幾乎全以高祿收為部屬。不過也有人自此棄甲歸田，改業當農民。

正木丹波守在忍城戰結束那年，留在佐間口附近創建高源寺，祭祀敵我雙方的戰死者，翌年過世。他的墓碑目前仍在埼玉縣行田市高源寺。

甲斐姬後來成為秀吉的側室，進入大坂城。成田氏長被分封至下野國烏山城，照舊當城

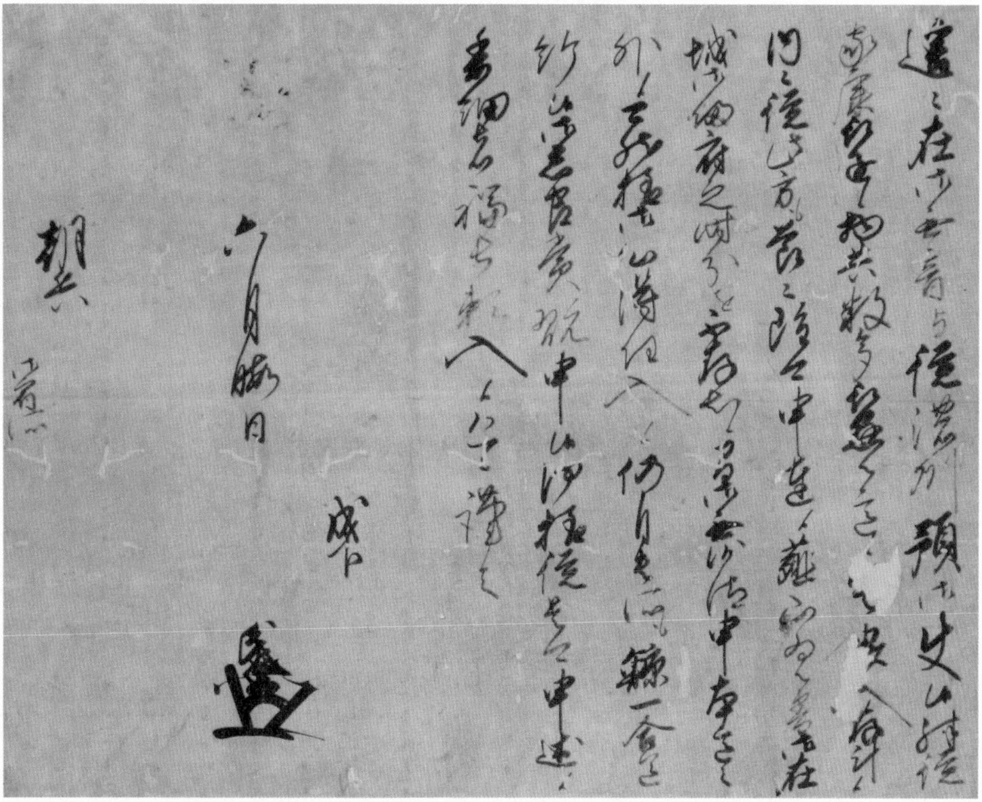

◉ 忍城城主成田氏長的書信／早稻田大學珍藏

主。

二十五年後，德川家康於「大坂夏之陣」殲滅豐臣秀吉遺孤秀賴時，甲斐姬當時任職秀賴長女的乳母。她陪同年僅七歲的秀賴的長女進入鎌倉東慶寺當尼姑。

秀賴的長女正是日後有名的天秀尼。她在東慶寺設立由女方主動提出離婚的「緣切法」，因此東慶寺在江戶時代又別稱「緣切寺」。

甲斐姬歿年不詳，但應該是在東慶寺過世。

「大坂夏之陣」時真田幸村是豐臣家擁護派，最後戰死於這場戰役。不知真田幸村和甲斐姬有沒有在大坂城重逢？或許有，或許沒有。如果有，雙方此時都已步入中年，況且這回不是以敵方立場交戰，而是己方。即使兩人有機會敘舊，恐怕也是「小樓昨夜又東風，故國不堪回首月明中」吧。

總之，在忍城籠城戰中，最可憐的人是石田三成。

堅持水攻的人明明是豐臣秀吉，石田只是為主君背上黑鍋而已。豐臣秀吉過世後，石田三成發動「關原合戰」向德川家康挑戰，導致江戶時代的文人都把他描述為奸臣，並以忍城戰為例，說他是個不會作戰的豬頭武士。

不過，客觀說來，石田三成並非只文不武，當時同他一起在忍城並肩作戰的武將，於「關原合戰」都支持石田，這不正是最佳信據嗎？

另一點，上述提及的書籍都描述石田三成是「聯合軍大將」。

但是，仔細探討石田三成的一生，可以看出石田三成在這時很可能不是聯合軍大將，而是秀吉派出的「軍監」，亦即在戰場判斷功勳的「軍奉行」，也是負責傳達秀吉命令的總部參謀，並掌管軍糧、武器輸送等業務。簡單說來，除了戰鬥，其他繁瑣事都是石田三成的任務。

真正的大將應該是佐竹義宣、大谷吉繼、真田幸村、上杉景勝、前田利家等人。

大將太多，而且各個都是青史留名的名將，反而無法統御全軍，最後亂成一團。這才是真相吧。

石田三成留有一封寫給淺野長政的書信，內容大意是：

「忍城其實很容易攻破，但是諸武將只顧著準備水攻工程，毫無帶兵攻城的意志。」

淺野長政應該也是奉命來擔任「軍監」。用現代話來解釋，石田三成在信中向淺野長政抱怨，所有武將都在玩水，完全沒有率兵攻城的動靜。

這點倒是可以理解。聯合軍嘛，大家都是大將，誰願意讓自己的部下白白去送死？何況籠城的都是女人、童子和老百姓，稍微有點骨氣的武將大概都不願意攻城吧。

第五話

智勇兼備的義愛賢臣

直江兼續

なおえ かねつぐ Naoe Kanetsugu

與上杉景勝共譜最感人的君臣佳話

◉ 太平記英勇傳／直江兼續／落合芳幾

獲封三十萬石的非大名

上杉家第二代當主上杉景勝是長尾政景的次子，三十九歲的父親和七十六歲的宇佐美定滿同時溺死於野尻湖時，景勝年僅十歲。上杉謙信為姐夫舉行國葬後，收景勝為養子。景勝十八歲時，才和母親仙洞院（謙信的姐姐）一起住進春日山城。

◉ 上杉景勝／米澤市博物館珍藏

在此特別說明一下，謙信到底有沒有正式收景勝為養子，這點仍須置疑。當時的史料提到景勝時，稱景勝為「長尾喜平次」，意思是，此時的景勝應該仍是長尾家的後裔，不是上杉家的人。否則，日後也不會發生「御館之亂」。

景勝身邊有個小景勝五歲的侍童，正是日後寫下日本史上著名的「直江狀」，惹惱了德川家康，揭開「關原合戰」序幕的直江兼續。

至今為止，大部分人都認為直江兼續與石田三成聯手，兼續在北方挑動「北關原合戰」，三成在西方掀起「關原合戰」，打算夾擊德川家康。但這是江戶時代文人的空談議論，研究較深入的現代史家已沒有人秉持這種說法。

目前「直江狀」原文仍未出現，只有多數抄本，而且每份抄本內容都不同，表示抄本經人加油添醋或刪改，早已失去原狀。只是，參照其他同時代的書信或日記史料，可以發現「直江狀」確實存在，內容也的確令德川家康勃然大怒，導致家康以此為藉口帶兵討伐會津，繼而誘發了「關原合戰」。

直江兼續原為長尾政景家臣的兒子，幼時眉目明秀，伶俐聰敏，在坂戶城即被景勝的母親看中，擢升為景勝的侍童。景勝搬進春日山城時，兼續當然也隨主君住進城內。這時，直江兼續年僅十三。

◉ 直江兼續／米澤市博物館珍藏

兼續的名字是「御館之亂」翌年（一五八〇）首次出現在史料，之前的事跡完全不詳。

根據天正三年（一五七五）的史料《上杉家軍役帳》，景勝二十一歲時已擁有上杉軍團排行第二的兵力。

景勝的兵力為長矛隊二五〇名，運輸兵四十名，槍砲兵二十名，騎兵四十名，旌旗隊二十五名，總計三七五名。上杉軍團中，兵力排行第一的是譜代家臣山吉豐守，排行第三是譜代家臣直江實綱（之後改名景綱）。兼續於日後繼承的家督地位，正是兵力排行第三的直江家。

所謂「軍役帳」，是各武將在戰爭時必須負擔的最低主要兵力，雜兵和機動部隊或民夫不算在內。

由於上杉謙信生前並沒有指定繼任者，因而在他驟逝後，立即發生爭奪繼位權的「御館之亂」。

謙信有四個養子，其中有可能繼位的是外甥上杉景勝，另一是北条氏康的七子氏秀，也就是上杉景虎。景虎原為武田信玄家的人質，後來北条氏和武田氏取消同盟，景虎曾一度返回北条家，之後又成為上杉家的人質。

謙信生前很疼愛這兩個養子，卻因死得太突然，葬儀尚未結束，家臣便一分為二，一派擁戴景勝，另一派推舉景虎。爭權內亂長達一年，二十六歲的景虎最終大敗，自殺身亡。

景勝能取勝，全靠當時年僅十九歲的兼續出謀獻策。

「御館之亂」平息後，某地方豪族因不滿論功封賞問題，懷恨在心。兩年後，該人與上杉家重臣發生口角，拔刀殺死重臣。當時湊巧直江家當主直江信綱也在場，遭連累而喪生。

信綱沒有兒子，而直江家是上杉眾家臣中的名門，景勝深恐直江家就此斷絕，命兼續娶信綱未亡人為妻，繼承了直江家。直江兼續便如此誕生。此時，兼續二十二歲。

一五八二年二月，織田信長殲滅了武田氏，下一個目標正是上杉氏。

武田氏第二代當主武田信賴之所以會滅亡，最主要的原因是內部崩壞，重臣陸續叛離。但上杉家即便處於四面受敵危急無援的狀況，也少有家臣背叛上杉景勝。這和景勝繼承了上杉家以後，逐漸重用譜代家臣的政策有關。

謙信時代時，越後地方豪族經常背叛，內亂頻繁，景勝和兼續從小就深知地方豪族隨時會變節的特性，遂於「御館之亂」後重整政權骨架。

同年三月，織田軍諸將與奧羽的蘆名氏、伊達氏聯手，密密麻麻圍住越後國。織田又派出一萬多兵力攻打越後國西方守備要害的魚津城。魚津城死守了八十餘日，終於在六月三日陷落。

魚津城總大將是景勝近侍之一的中条景泰，年僅二十五。

中条景泰和其他十二名守將與織田軍柴田勝家、前田利家、佐佐成政等圍城部隊對抗了將

◉ 富山縣魚津市大町小學內的魚津城遺址碑

近三個月，終究敵不過大軍，在城內放火後，全體自殺身亡。

守將全體自殺，意謂城池陷落。

不料，魚津城陷落前一夜，織田信長在本能寺遇害喪命。身在越後國的織田軍聞訊匆忙撤退，上杉家才得以化險為夷。

據說死守魚津城的十三名守將，為了能讓敵方和己方辨別屍體首級，每個人都在自己的耳朵上穿洞，用鐵線掛上名牌後再自戕。

假若織田信長喪命的消息早一日傳到越後，或許他們就不必犧牲性命。但由此也可看出，上杉家軍團在第二代當主景勝手下已經團結一心，比謙信時代更堅穩。

死守魚津城的總大將中条景泰過世後，中条家長子年僅五歲，但景勝還是讓五歲幼子繼承中条家，並命中条家重臣負責執政，直至幼子主君成年。之後，中条家始終跟隨上杉家歷經各種苦難，從未離叛，代代都是上杉家重臣身分，一直持續至明

◉魚津城之戰。紅線：織田軍，黃線：上杉軍

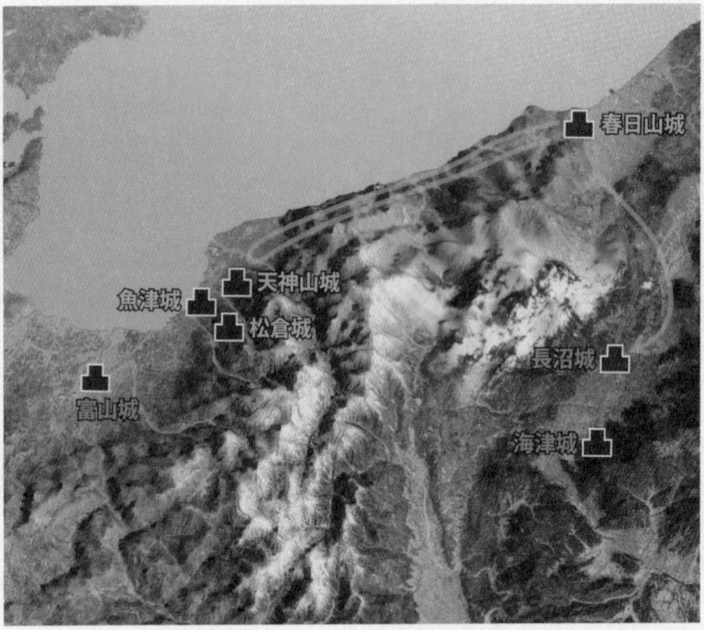

治維新。

織田信長死後，輪到豐臣秀吉和柴田勝家兩人爭奪西國霸權。正確說來，柴田勝家根本無意當天下人，他只是想保護織田家後裔而已。

秀吉和勝家都暗地派遣使者力邀上杉氏加入陣容。

上杉氏在戰國時代前期始終保持超然獨立的態度，從未臣服於任何勢力。但「御館之亂」以及織田軍的攻擊令越後國精疲力盡，無法再維持孤高立場，只能二者擇一。

景勝選擇了豐臣秀吉。

上杉家的外交官是直江兼續，豐臣家的外交官是石田三成。兩人不但同為二十六歲，才器亦不相上下。

豐臣秀吉登上天下人寶座後，景勝和兼續主從均致力盡忠於秀吉。景勝最終擠進豐臣政權中樞，和德川家康、前田利家、毛利輝元、宇喜多秀家並列為豐臣政權五大老。

景勝四十四歲、兼續三十九歲那年，秀吉改封上杉家到越後東側的會津（福島縣）。表面上是加增領地，景勝從越後九十一萬石大名躍升為會津一百二十萬石大大名。

秀吉還特地說：「其中三十萬石是封給兼續的。」這在戰國時代是特例。

直江兼續並非大名，他只是眾大名之一的重臣，竟然獲得三十萬石封賞。若論俸祿排行，三十萬石在豐臣政權下的大名中算第十一位，可見秀吉極為賞識兼續的才能。

但是景勝的領地卻分隔為兩塊（佐渡金山例外），之間夾著野心勃勃的最上義光，東北方還有個唯恐天下不亂的獨眼龍伊達政宗。秀吉分封上杉景勝到會津的目的，正是想讓景勝監視伊達政宗和最上義光這兩頭猛虎的動靜，並抑制關東的德川家康。

景勝最初和謙信一樣，不願意離開先祖以來累代定居已兩百多年的故鄉。對景勝和上杉家眾家臣來說，越後國相當於聖地。

兼續好不容易才說服主君，率眾家臣大舉遷居會津。

德川家康大權一把抓

越後和會津同是雪國，氣候風土卻完全兩樣。就拿冬雪來說，沿海的春日山那一帶下的是靜謐的乾爽雪花；會津和米澤都是盆地，下的是濕潤沉重的雪塊。

一五九八年三月，景勝和上杉家眾臣以及雜兵、下人，全體遷至會津。景勝為了防備北方的最上義光，讓兼續擔任六萬石米澤城主。若包括米澤地方豪族，兼續的領地大約有三十萬石。

諸葛亮可以新官上任三把火，一顯威風和才幹，把曹操氣得火冒三丈，卻令張飛、關羽二武將心服口服。上杉家可沒那個餘裕大展手腳，不但要修築領主景勝居住的若松城，還得整修兼續的居城米澤城，其他家臣宅邸都得重新配置。

最大問題是必須安撫領民民心和當地豪族，這是每個奉命改封領土的大名最頭痛的問題。例如織田信長殲滅武田勝賴後，讓黑母衣隊隊長河尻秀隆統治甲斐國，不料新領主於短期間即慘死於異鄉。

信長有兩隊母衣隊，一是赤母衣隊，另一是黑母衣隊，雙方地位相等。

「母衣隊」是隨身保護主君的騎馬衛隊，在戰場通常在背後披個用竹製骨架撐成的圓形布製「母衣」，不但具有代表大名的紋章效果，還能防備流矢。河尻既然能成為母衣隊隊長，表示戰績相當高。

但河尻剛上任，即發生「本能寺之變」，武田家遺臣趁勢蜂起。河尻上任不到三個月便喪生，後來甲斐國才成為德川家康的領地。

由此可見，改封領地對戰國時代末期的大名來說，是生死攸關的問題。不過，改封領地也有優點，新領主可以趁機更改法律或重組租稅制度與行政組織。只是成敗與否，全看新領主身邊有無優秀的行政官。

若松城本丸另有祭祀謙信遺骸的法堂。每逢出征，景勝和兼續均沿襲被神化為「軍神」的上杉謙信於生前進行的出征儀式，絕不擅改儀式過程中的任何環節。

上杉氏還未在新領地站穩腳跟，秀吉即在同年八月十八日病逝。此時，豐臣家有力武將都還在朝鮮。為了讓這些武將平安歸國，豐臣政權五大老隱瞞秀吉過世的消息，以秀吉之名下令眾武將依次和明國講和。

這時期的豐臣政權五大老和五奉行根本沒時間勾心鬥角，全體協力用盡各種方法讓身在朝鮮的眾武將依次歸國。負責此任務的行政官正是石田三成。

諷刺的是，石田三成費盡心思讓身在朝鮮的武將歸國之後，這些武將全成為石田三成的敵人。

上杉氏也曾遠征朝鮮，但在朝鮮的任務是築城，沒有參與作戰，對朝鮮老百姓秋毫不犯。

兼續在朝鮮從軍期間都在蒐集文獻書籍，例如《附釋音周禮注疏》四十二卷、《中庸章句大全》四卷、《宋名臣言行錄》七十五卷、《大明一統志》九十卷、《新編古今事文類聚》二百二十一卷等。

其他武將譏笑道：「這種玩意兒連田裡的肥料（糞）都不如。」兼續答：「哪裡，至少可以當腦袋瓜子的肥料。」

兼續喜閱讀，更愛藏書。他所收藏的某些書

籍，目前都被指定為日本國寶或重要文化財。

秀吉過世時，景勝在會津忙著處理各種內政事務，一個月後才接到正式通告。九月中旬，身為豐臣政權五大老之一的景勝，不得不暫且離開新領地，前往京都伏見城處理秀吉的身後事。

豐臣秀吉雖然繼織田信長之後成為天下人，卻不顧內政，沉迷於顯耀權威和財富。統一全國不久，立即派武將渡海侵略朝鮮，這是秀吉的敗筆之一。當時幾乎所有大名或武將都不願意渡海侵朝，卻無人敢提出異議。連服侍織田信長、豐臣秀吉兩代主君，原為會津領主的名將蒲生氏鄉也只敢在背後唾罵：

「那隻猴子瘋了！他打算讓我們都客死異鄉嗎？」

這句話道出眾武將的真心。

《明史》三二五卷〈朝鮮傳〉曰：

「自倭亂朝鮮七載，喪師數十萬，糜餉數百萬，中朝與屬國迄無勝算，至關白死而禍始息。」

《明史》三二二卷〈日本傳〉曰：

「前後七載，喪師數十萬，糜餉數百萬，中朝與朝鮮迄無勝算，至關白死兵禍始休。」

雖然《明史》的用詞是「中朝與屬國迄無勝算」，但明眼人應該心知肚明，倘若繼續打下去，豐臣政權的武將真會全體客死異鄉。秀吉臨死前吩咐其他大名必須為他舉行盛大葬禮，結果秀吉的近臣均漠視秀吉的遺言，擅自秘密埋葬。由這點也可看出眾人在此時都已陷於厭戰氣氛，想早日結束海外戰爭。

正如蒲生氏鄉所說，這個猴子太閤，晚年真是瘋了。

蒲生氏鄉於四十歲病逝，由年幼嫡子繼任。兩年後，因家臣發生內訌，蒲生家被減封至下野國（栃木縣）宇都宮。繼任領主正是上杉景勝。

秀吉沒有在生前構築統治全國的中央政府機構，臨死前才匆忙設置五大老、五奉行官職。但五大老和五奉行的詳細職務不清不楚，秀吉在遺言中只說明讓家康待在伏見城掌管內政，

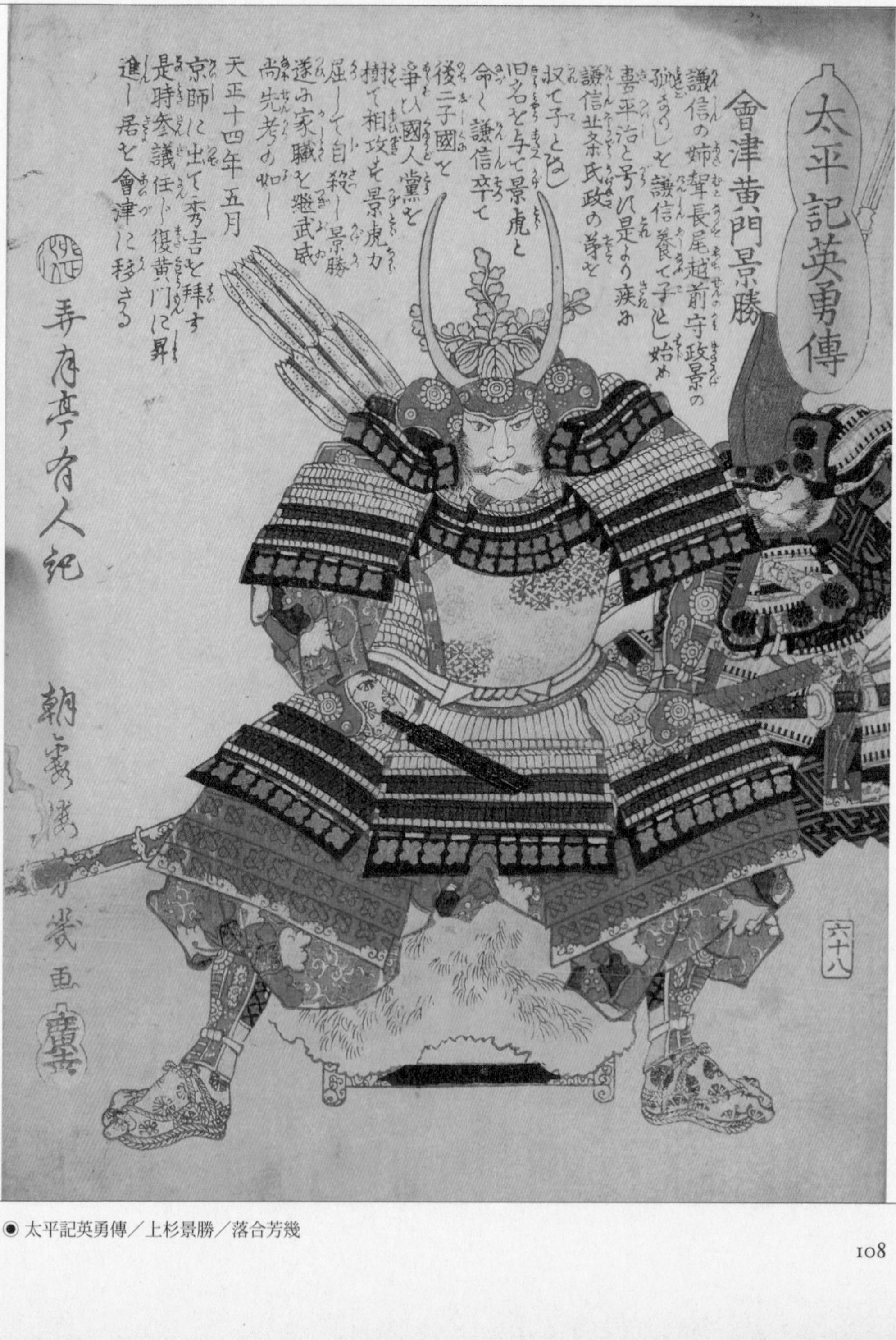

◉ 太平記英勇傳／上杉景勝／落合芳幾

前田利家則待在大坂城輔佐豐臣秀賴。如此潦草的政務分擔，也是造成秀吉死後政權重新洗牌的主因。

秀吉過世後第二年的慶長四年（一五九九）正月，豐臣秀賴從伏見城移至大坂城，豐臣譜代武將也跟著進入大坂城。如此一來，勢力便一分為二，一是伏見城的德川家康，另一是大坂城的豐臣政權遺臣。

德川家康根本不理會秀吉於生前制定的五大老會議法，獨斷獨行利用政治聯婚鞏固自己的勢力。這時期，唯一有力量壓制德川家康的大名是前田利家。無奈前田利家於閏三月三日在大坂病逝，政局完全失衡。

家康在前田利家過世後不久，即進入伏見城執政。

前田利家剛過世，參與侵朝的七武將便聯手打算暗殺石田三成。石田三成逃進伏見城避難，雖然保住一命，卻也被迫辭去奉行官職，退隱佐和山居城。

其他豐臣政權文治派四奉行也龜縮一旁，不敢喘氣。

同年九月，家康打算進大坂城執政。此舉令大坂城文治派四奉行慌了手腳，但他們無力阻止家康，於是向家康進讒言，說前田利家的兒子前田利長有心造反，暗中託人設計欲暗殺家康。

大坂城的文治派四奉行只是想阻止家康進大坂城，卻因太無能，竟出此下策。或許他們想讓前田家和德川家交鋒，削弱雙方的勢力，來個漁翁得利。

然而家康怎麼可能中計？十月一日即進入大坂城，之後一直賴在大坂城西丸。

家康進城後，隨即召集諸將，下令討伐加賀前田家。當然這是家康的詭計，故意假裝聽信文治派的讒言。如此一來，前田家就必須澄清立場，向家康證明自己與豐臣政權遺臣派毫無牽連。

前田利家是眾所皆知的能幹大名，第二代前田利長也非無能之輩。利長起初有心應戰，透過其他大名向豐臣家求援，不料豐臣家竟一口拒絕。這是可想而知的結局。

石田三成被迫退隱後，大坂城內根本沒有其他人才，何況這場戰爭是豐臣家文治派奉行無中生有的風波，也有可能是家康的詭計。前田利長別無他法，只能再三派遣老臣向家康辯解，並答應讓自己的母親前往伏見當人質。

前田利長的母親正是著名的前田利家正房阿松，丈夫過世後，落髮為尼，改稱芳春院。阿松離開故鄉時，留下幾首充滿悲情無奈的和歌，可見她也不想離開故鄉。翌年，她又被迫前往江戶。不僅如此，連與前田家有姻親關係的丹後（京都北部）十七萬石大名細川忠興也遭殃，不得不臣服於家康。

豐臣家文治派的策謀完全失敗。他們只是把身邊最有力的靠山推到家康那方，徒增敵人而已，簡直是自掘墳墓。

八月至十月，家康勸其他四大老和侵朝武將全體回老家整頓自己的領地。家康向眾人說：

「我留在中央守護秀賴公，你們回去管理自己的國事吧。」

事實上，四大老離開領國已一年有餘，眾人都心焦如焚。上杉景勝剛移封至新領地，需要著手的內政瑣事堆積如山。前田利長繼父親之後成為加賀第二代當主，卻從未踏入自己的領國。宇喜多秀家領國則發生重臣對立問題，不趕快回去解決，恐怕會爆發內亂。毛利輝元的問題是領國經濟窘迫。侵朝武將更慘，為了侵略朝鮮，不但傾家蕩產，更因秀吉過世，一分獎賞都領不到。

如此，上杉景勝和直江兼續總算擺脫大老職責，久違一年回會津處理國事。大坂只剩德川家康一人。

一同看著謙信背影長大的君臣

上杉景勝是著名的寡言戰國大名，平日不苟言笑，始終保持嚴峻清冽的態度。這可能和他的身世有關，畢竟他父親死得不明不白，何況日後又發生家督繼位問題的「御館之亂」。

沉默是景勝保護自己的唯一武器，亦能充當

上一代老臣的不滿或諫言的防禦屏風。

上一代老臣通常會以苛刻眼光觀察第二代主君的言行，不時暗地拿現任主君和前任主君做比較，而且大部分老臣均身經百戰，很難應付。對始終活在謙信陰影下的景勝來說，沉默正是最佳防護面具。

有關上杉景勝的嚴謹性格逸聞，最有名的應該是《上杉史料集》中記載的猴子故事。

話說景勝飼養一隻寵物猴子，某天，景勝在房間脫下兜帽，隨手擱在一旁。猴子隨手拿起景勝的兜帽戴在頭上，跑出房間爬到院子一棵樹上，坐在樹枝中央，然後面對房內的景勝，模仿家臣拜見景勝時的情景，雙手支在膝前，上半身傾向前方，看似在向景勝行禮。

景勝見狀，情不自禁莞爾而笑。據說，這是景勝左右近臣第一次目睹景勝面露笑容，卻也是最後一次。

另一段著名逸聞是豐臣秀吉在世時，某天於伏見城宴請諸大名，不知為何，傾奇者前田慶次竟不請自來，出現在宴席中。

正當眾人酒酣耳熱時，前田慶次戴著猴子面具，手持折扇，開始表演滑稽秀。他依次在每位大名面前表演猴子舞，還坐在大名膝上胡鬧。若是平常，這種坐在大名膝上的非禮行為會惹來殺身之禍，但當時是酒席，眾人只視為宴會餘興，付之一笑。豈知，慶次跳到景勝面前時，竟然避開景勝的座席，直接跳到景勝一旁的大名座席前繼續搞笑。

日後有人問慶次，為何避開景勝？慶次答：

「上杉殿下具有尊貴氣質，凜然難犯。雖是酒席，我也不敢在他面前撒野。」

前田慶次和直江兼續是舊知，慶次可能從兼

◉傾奇者（kabukimono）

是戰國時代末期至江戶時代初期，在都市地區流行的社會風潮。傾奇者身穿奇裝異服，行動越出常軌，是一種排斥世間常識、權力、社會秩序的反骨精神象徵。藝能「歌舞伎者」的語源正是自此而來。

◉ 前田慶次的甲冑／宮坂考古館珍藏

◉ 前田慶次／江戶時代的浮世繪

續口中斷斷續續聽說了景勝的平日舉止，所以故意突然出現在宴席，打算親眼觀察景勝到底是怎樣的人。結果似乎大為滿意。這也是前田慶次於日後主動加入上杉家臣一員，在「北關原合戰」中竭智盡力的主因。

至於直江兼續，不但智勇雙全，文武兼備，能言善辯，更是個高眺的美男子，剛好和身材矮胖、個性嚴毅剛直的景勝成對比。據說兼續身高約一米八，比一米六九的織田信長還高。

兼續對後世的文化貢獻影響很大，無論醫學、文學、教育或科技方面，他都留下鴻爪。若論文化貢獻，他比德川家康偉大多了。後代的大正天皇於大正十三年（一九二四）追封直江兼續為從四位，正是最佳證明。

「關原合戰」之前的兼續，或許懷有想讓主君景勝圓夢的野心；但「關原合戰」之後的兼續，則完全放棄此念頭，一心一意苦心經營面臨破產的米澤藩。

兼續從小便和景勝一起接受教育，自然也和景勝一樣看著謙信的背影長大，兩人都深受謙信的影響。只是，景勝以沉默當保身面具，兼續則以口才為主君出氣。

江戶時代中期成立的逸話集《常山紀談》描述，某天，諸大名和其他重臣在伏見城聚會聊

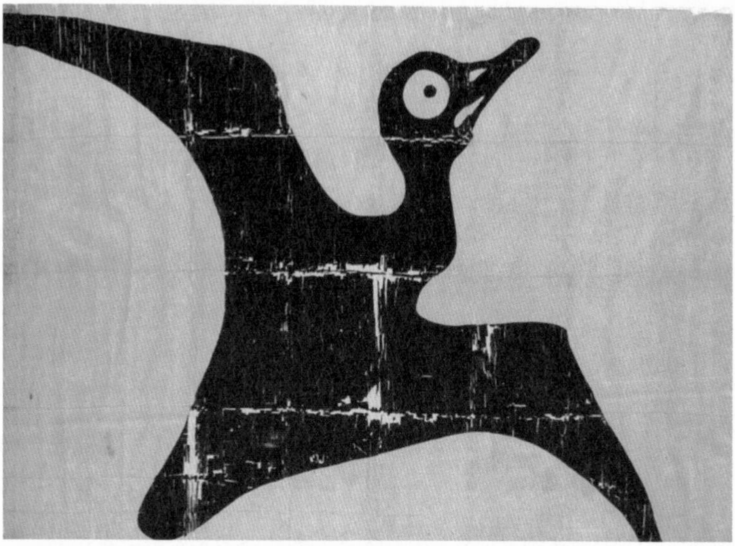

◉ 直江軍軍旗／最上義光歷史館珍藏

天，奧州之雄獨眼龍伊達政宗自懷中取出一枚大金幣（約黃金十兩）給眾人觀賞。伊達政宗炫耀道：

「看，這就是黃金打造的金幣。光是一枚金幣，就足以收購一座小城。這是太閤大人（豐臣秀吉）賞賜的，你們拿去仔細觀看吧。」

在場眾大名依次在掌上摩挲把玩金幣，無不嘆為觀止。金幣傳到坐在末席的兼續時，兼續用折扇接過金幣，在折扇上砰砰翻轉金幣，如同打毽子。

坐在上座的伊達政宗以為兼續自認是陪臣身分，不敢用手接金幣，於是大聲說：

「不用客氣，你直接拿在手上觀看。」

不料，兼續竟若無其事答：

「在下的手在戰場是用來拿上一代主君以來的指揮旗，怎能拿這種骯髒東西？」

兼續說畢，即將折扇上的金幣拋回給伊達政宗。政宗羞怒得面紅耳赤。此逸聞也收錄在《名將言行錄》中。

時代移至德川政權。

某天，直江兼續在江戶城內和伊達政宗擦身而過。兼續視若無睹地不向政宗打招呼。政宗喚住兼續，責問他為何悶聲不響。兼續回說：

「在下曾在戰場幾度和政宗公相遇，每次都只望見政宗公的背影，從未正面相遇，因而沒注意到眼前的人原來是政宗公。」

這句話當然是諷刺伊達政宗每次都打敗仗，每次都落荒而逃。

以上兩則故事都是江戶時代的文人自創的掌故，但由此也可看出江戶人勾勒出的直江兼續形象。

我個人最感興趣的是直江兼續作的漢詩。最有名的是〈春雁〉：

春雁似吾吾似雁，
洛陽城裡背花歸。

這首詩遺落了前面兩句，更不知在何時作成，只知道作詩地點是京都。

「背花」表示背向春花（隱喻絢爛京城），兼續自己則如春分後往北飛的雁。「背」字有決心之意，如「背水一戰」、「背水陣」等，看來可能是奉命從越後改封至會津時的感慨。

另有兩首浪漫旖旎的豔情詩。

其一是〈織女惜別〉：

二星何恨隔年逢，
今夜連床散鬱胸。
私語未終先灑淚，
合歡枕下五更鐘。

另一首是〈逢戀〉：

風花雪月不關情，
邂逅相逢慰此生。
私語今宵別無事，
共修河誓又山盟。

前一首〈織女惜別〉也不知於何時作成，但可以看出兼續有戀人，而且對象很可能不是正室阿船。織女和牛郎雖然一年只能見一次面，但畢竟可以在固定時期重逢，這首詩卻暗喻兩人明明約好要見面，卻事與願違，無法經常共枕。

後一首〈逢戀〉是兼續在慶長七年（一六〇二）於龜岡文殊大聖寺文殊堂主辦詩歌會時發表的作品。這首詩更熱情，兼續直接剖明在愛情面前，連風花雪月都會褪色，而且兩人還「共修河誓又山盟」……無論怎麼看都不像是寫給夫人的情詩。

夫婦愛和男女愛不同，前者類似兄妹愛、家族愛，細水長流，一點一滴累積夫婦的歷史；男女愛則完全是燃燒式戀情，當一方的火源熄滅時，無論男女，都會移情別戀。兼續和夫人是政治聯婚，據說兩人感情相當好，但可能是「相敬如賓」的夫婦感情，而非熱火般的男女戀情。

現代日本人對直江兼續的形象是「愛」字。

◉ 直江兼續的「愛」字甲冑頭盔

上杉神社留有一套兼續的甲冑，頭盔上有個很大的「愛」字。日本史學家推測這個「愛」字是「仁愛」、「愛民」之意，另有專家主張兼續的「愛」字代表日本軍神「愛染明王」和愛宕信仰的「愛」。

男性史學家總愛往大方面著想，所幸我不是史學家亦非男性，因此我把這個「愛」字解釋為「隱戀」。

《康熙字典》中有一段「愛」字的解釋，曰「親也，恩也，惠也，憐也，寵也，好樂也，吝惜也，慕也，隱也」。我著眼的是最後那句「隱也」。「隱」在《說文》中是「蔽也」，在《玉篇》中是「匿也」、「不見也」。

兼續的漢學教養極高，他應該知道上述那些字詞解釋。何況以他的身分地位和時代背景來說，他盡可妻妾成群，卻終生都沒有納妾。這是不是表示他有一段不見天日的「隱戀」？而且對方是必須「蔽也」、「匿也」的人。倘若他的戀人是身分地位俱高，並已落髮為尼的未亡人，那兼續就真的必須隱蔽這段戀情。

然而，古今中外，男女戀情的至高境界正是不可張揚的「隱戀」。因為雙方無法相聚，所以也就無法完全燃燒，於是戀情的火源就永遠不會熄滅。不得不隱蔽這段戀情的兼續，只能用漢詩或頭盔的「愛」字向對方表達自己的情意。

直江兼續的戀人到底是誰呢？此問題恐怕永遠得不出答案了。

家康最想聯手的對象

豐臣秀吉於六十二歲病逝。這一年，德川家康五十六歲。

翌年八月至十月，家康陸續趕走聚集在西國處理秀吉後事的諸大名和武將，獨自一人留在大坂城。

五十七歲的男人不算老。尤其家康很注重健康，只相信自己處方的藥劑。家康晚年時，經常飲用含砒霜、水銀等劇藥的自製湯藥。雖然家康的病名是胃癌，但令他致死的一半原因也出自他發明的毒藥。

秀吉過世時，家康是擁有關東八國的大大名，石高二百五十餘萬。

豐臣政權五大老之一的前田利家是加賀、能登、越中大名，威聲遠播。秀吉在世時，前田利家和德川家康的聲望幾乎平分秋色。但這時利家已過世，其子利長又遭豐臣政權遺臣暗算，已向德川家康俯首稱臣。

其次是中國地方九國霸主毛利氏，表面是一百二十萬石大守，不過毛利家掌握瀨戶內海，實際石高應該更多。目前的當主是毛利輝元。輝元的祖父毛利元就去逝時，曾囑咐「絕不能進攻中原」，輝元也確實固守祖父的遺言。

毛利輝元的父親早逝，第三代輝元肩負偉大祖父和恭順父親留下的壓力，還得活在兩個才幹非凡的叔父小早川隆景和吉川元春的陰影下，終生擺脫不掉前兩代人的「神話」重擔，看上去缺乏霸氣。只是秀吉不在世的今日，倘若輝元和其他大名聯手，家康絕對抵擋不住。

接下來是備前、美作五十七萬石大名宇喜多秀家。在豐臣政權五大老中，宇喜多秀家年紀最小，還不到三十歲。秀吉生前很疼愛這個年輕武將，何況秀家的正室是前田利家的女兒。只是宇喜多家內部分為兩派正在明爭暗鬥，問題相當嚴重。

真正能與德川家康匹敵的大老，也是家康最

◉石高

「石高」是徵稅時的計算單位。據說當時的成年人一年大約須食用一石稻米，於是演變為徵稅時的計算單位。用現代話來說，「石高」算是國內生產力，亦代表該國的經濟力和軍事力。

簡單說來，豐臣秀吉統一全國之前，關東地區以北的戰國大名用的是明朝銅幣或當地出產的金銀，東國人一般領的俸祿單位是銅幣的「貫」。關西地區本來就用稻米當通貨單位，秀吉統一全國後，明朝已趨向滅亡，明幣不值錢，秀吉才將徵稅計算單位一律改為稻米的「石」。

想聯手的對象，正是會津一百二十萬石的上杉景勝。

對家康來說，越後軍神上杉謙信過世後，景勝和兼續兩人能守住越後國，簡直是奇蹟。景勝的正室是武田勝賴的妹妹，據說夫妻感情很好，但眼下仍無後裔。

家康暗忖，假若能和景勝、兼續兩人聯手，在經濟軍事力上，二百五十萬石加一百二十萬石，總計三百七十萬石。在政治智力上，家康的沉穩、景勝的武勇、兼續的智謀，三人若統一戰線，足以對抗其他豐臣政權三大老。只要家康能成為天下人，即便在戰後賞給上杉家兩百萬石也無所謂。這是家康的理想，或者說，是夢想。

景勝和兼續回國後，家康每個月都寫信給景勝，鼓勵君臣兩人努力經營新領地。九月中旬一封，十月下旬一封，十一月上旬一封……完全可以用「殷勤問候」這句話來形容，甚至「殷勤」到近乎拍馬屁的程度。

到此為止，上杉氏根本毫無叛逆或舉兵跡象，家康想找碴也挑不出任何毛病。景勝和兼續君臣兩人在國內忙著修路、搭橋、收購武器。這是理所當然的行為，畢竟剛遷到新領地，一切都要從頭做起。不要說一國之主了，就連現代區區一名老百姓帶著全家老少搬到新家時，也要花錢請人裝潢並購買新家具吧？

一六〇〇年正月，景勝遣上杉家重臣藤田信吉為使者，前往大坂向豐臣秀賴拜年。

藤田信吉這人很難判斷到底是奸是忠。後世史家對他的評論一分為二，有人說他是奸臣，也有人為他辯解，說他只是站在「利」的立場想給上杉家留一條後路。總之，藤田信吉這人很可憐，被德川家康當做一顆挑起「北關原合戰」的棋子。

信吉待在大坂期間，德川家康和本多正信等人一直對他洗腦，要他回國後諫勸景勝和上杉家眾家臣不要堅守謙信家訓的「義」，眼光要看遠一點，以「利」為重，早日臣服於家康。

藤田信吉的年紀和直江兼續差不多，仔細看他的戰績，應該不能列為奸臣之類，反倒可以說是名臣。壞就壞在他的經歷，他沒有從一而終的主君，類似隨波漂流的葉子。他服侍的歷代主君是：關東管領山內上杉氏→北条氏→武田氏→越後上杉氏→德川氏。

武田氏滅亡後，上杉氏收了不少武田氏遺臣，藤田信吉應該是其中之一。

站在「利」的立場來看，上杉氏確實可以步前田氏後塵，選在這時期向德川家康拱手而降。如果上杉氏真這麼做，日後至少能成為百萬石大大名。遺憾的是，上杉謙信留下的「正義」遺產太沉重，景勝和兼續都無法在此刻見風轉舵。即便以後人的眼光來審斷，這時期的上杉家的確也不必急著屈服於德川家康腳下。

藤田信吉回國時，家康交給他一個任務：命上杉景勝立即上洛。

九月剛從大坂回北國會津的人，三個月後又要迢迢趕到大坂？當時既無飛機亦沒有高速公路，到哪裡都得徒步或騎馬、坐轎，一趟須花幾天呀？怎麼想都令人覺得這完全是德川家康的無理要求。何況會津是雪國，十月至翌年三月都被深雪覆蔽，教人如何行軍？再說景勝是大名身分，怎麼可能草鞋一穿、簑衣一披即起程呢？

另一方，由於景勝於改封前向老百姓徵收了年貢米，繼景勝之後成為越後領主的堀秀治只能重新檢地（丈量土地面積、地界及土地收穫量）徵稅，導致越後農民頻頻叛亂。堀秀治對上杉家恨之入骨。

客觀說來，引發「北關原合戰」的肇禍者是堀秀治和藤田信吉這兩人。不過，論才幹或講道義，藤田信吉絕對比堀秀治優秀許多。

藤田信吉因自己的看法與上杉家的信念背道而馳，逐漸陷於孤立立場，最終在上杉家待不下，三月即帶領所有家臣逃出會津，投奔德川秀忠。堀秀治也在同一時期向家康訴苦，說上杉氏積極招兵買馬，欲圖叛亂。

德川家康肯定內心暗叫快哉。畢竟總算有理由逼迫上杉家步上前田家的後塵。

無奈上杉氏君臣倆自尊心太高，寧願捨利取義。日本史上著名的「直江狀」便如此誕生。

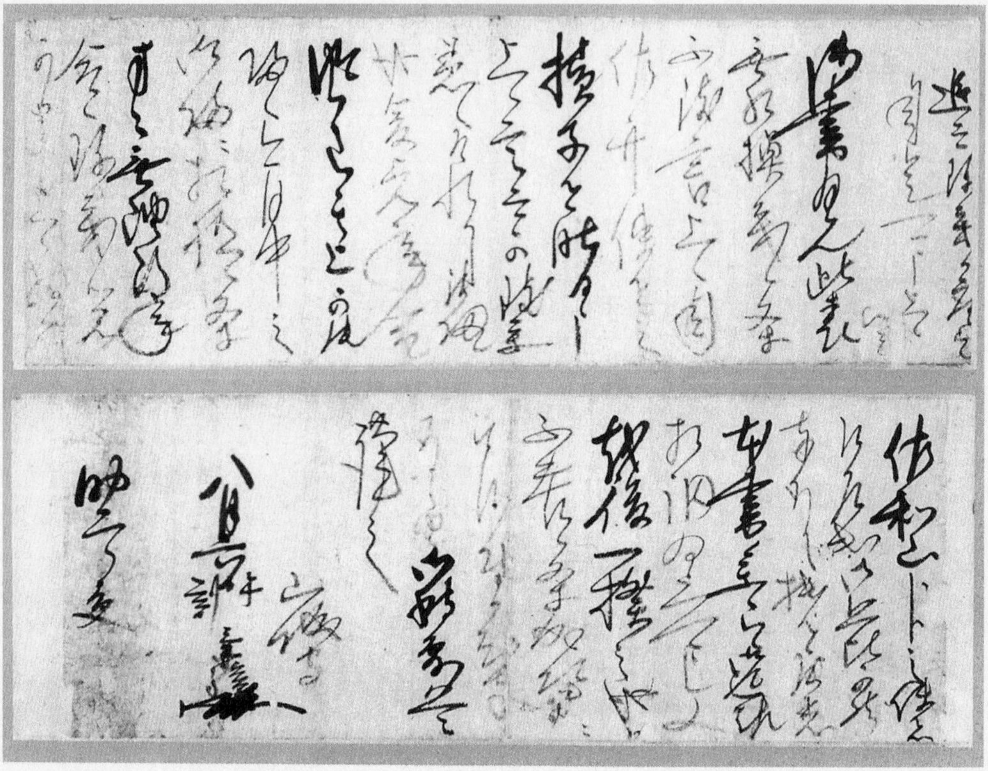

◉ 直江狀／米澤市上杉博物館珍藏

冰魂雪魄「直江狀」

同年四月，家康派親信伊奈昭綱前往會津，在會津若松城內與景勝、兼續當面對質。根據日本國寶《上杉家御年譜》載，景勝當時的主要對答是：

一、修路是秀吉公的遺命，亦是領主的職責。（這點非常有道理。）

二、建設新城是我們改封以來的當務之急，與叛變無關。（築城一事於事前已得到家康的允許，三月下旬剛動工。）

三、我們毫無叛變之意，反倒是伊達政宗在上杉領地煽動老百姓造反。（此時的伊達政宗恨不得時代再度回到群雄割據當時。）

四、家康公勸我們回國，此刻又要我們立即上洛，令人無法理解。待國內統治上了軌道，我們會主動上洛。（去年年底明明又收到問候信，怎麼突然變卦？）

五、倘若家康公不能諒解我們的立場，硬要派兵攻打會津，那也無可不可。

景勝的回答很簡單，而且有條有理。後世流傳的「直江狀」寫了一大堆，那是在江戶時代遭篡改並加油添醋的偽書。

兼續把景勝的回答寫成文書，並署名「直江兼續」，這正是著名的「直江狀」。

令家康大怒的可能是第五條。不過站在上杉家的立場來看，景勝的意思是絕對不會像前田家那般窩囊，遣使者頻頻陪不是，又將自己的母親送到江戶當人質。但對家康來說，第五條的意思是：

「有種你儘管放馬過來，咱家隨時奉陪！」

德川家康會老羞成怒也是情有可原。家康可能想利用其他人的告狀，藉此機會籠絡上杉家，讓景勝、兼續君臣成為自己的左右手。不料景勝竟悍然不屑一顧，堅守北國人的冰魂雪魄。

六月初，家康在大坂城召集諸大名，以豐臣秀賴之名決定「征伐」會津。其他大老和奉行都送出勸阻書信給家康，家康仍堅持出兵。

戰爭需要砸錢，而這場戰爭的本錢二萬兩黃金、二萬石稻米，是豐臣家出的。

遠征軍於六月中旬自大坂出發，參與的豐臣家武將全是反石田三成派人馬。只是，遠征軍真正有心攻打會津的武將可能不多，大部分都懷著坐觀成敗的心境。

家康於七月二日抵達江戶城，以毛利輝元為盟主的西軍，則在七月十七日向諸大名發出檄文。

家康在十九日便收到西國政情不穩的密書，只是沒放在心上，翌日按照預定行程自江戶城出發前往會津，二十四日抵達下野國小山。這時，家康才收到西國大名舉兵的正式通告。

對家康來說，西國大名舉兵的消息可能如晴天霹靂。二十五日召開軍事會議，諸將立即同意撤兵回頭討伐西國。前鋒部隊正是豐臣家武將。

豐臣家武將深知上杉軍的厲害，況且就情義面來說，他們也不願意和神話中「軍神」上杉

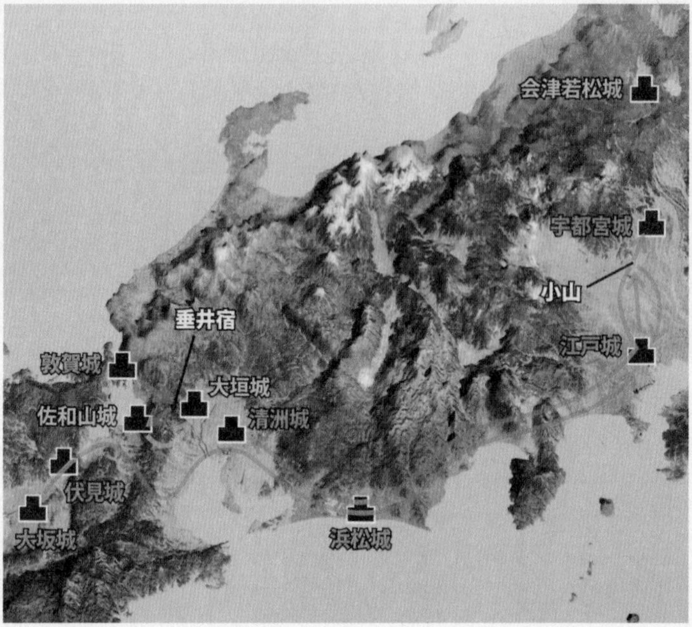

◉上杉討伐。紅線：德川會津遠征軍，黃線：石田三成西軍

謙信的第二代當主正式開戰。用現代話形容，上杉景勝和直江兼續在當時是紅得發紫的「國際偶像」，人氣很高。既然要打，豐臣家武將理所當然會選擇蓄恨已久的石田三成。

俗話說出兵容易撤兵難。家康留下德川秀忠率領的本隊和次子結城秀康率領的別働隊，命他們守在宇都宮以防上杉軍趁勢追擊，自己則於八月六日回到江戶城。

結城秀康雖是家康親生子，卻因為出生時，家康的正室築山殿仍在世，又據說是雙胞胎，終生都遭家康以白眼對之。十歲時成為豐臣秀吉的養子（人質），十七歲入贅下總國名門結城家，改名結城秀康。三十四歲即病逝，是位悲劇武將。

對秀康來說，養父豐臣秀吉才是真正的父親。再說秀康相當崇拜上杉景勝和直江兼續，家康正是看中這點，才留下秀康當擋箭牌。德川秀忠則於八月下旬離開宇都宮，前往信濃攻打真田昌幸。

家康果然料事如神，如果上杉景勝趁德川軍

撤兵時立即追擊，就不會發生「關原合戰」，日本史也必定得改寫。

為何景勝在這時沒有追擊？後世史家眾說紛紜。

《上杉家御年譜》沒有詳細說明，《日本外史》也以三言兩語帶過，只描述「直江兼續請悉兵躡之。景勝弗聽」，並記載「景勝答曰，先人用軍未嘗乘人危，吾不敢違也。且公（秀康）年少，非我敵。待內府（家康）還，決戰耳。」

◉ 結城秀康／龍泉寺珍藏

《日本外史》又描述德川家康撤兵時，「命諸將曰，景勝勁敵也，慎勿與爭鋒。是以四鄰環守，不敢來犯。」

當時景勝身在上杉領地南端長沼城（福島縣須賀川市）觀察敵軍動態，兼續在最前線白河口（福島縣白河市）備戰，兩人根本無法取得聯繫，更不知西國大名舉兵的消息。

景勝沒有追擊德川軍的真正理由，是背後有最上義光和伊達政宗這兩頭猛虎，想動也動不得。

另一點，下野國小山離會津最前線白河口有一百公里以上，上杉軍無法「趁勢追擊」。若要硬攻，則是「進擊」。

何況伊達政宗於七月下旬便開始攻打上杉領地，僅一天就攻陷白石城。最上義光因事前收到不准攻打上杉軍的家康嚴令，所以毫無動靜。伊達政宗眼見最上義光按兵不動，並得知德川軍撤兵消息後，立即和上杉景勝講和。

◉ 修復後的會津若松城，上杉景勝轉封後的居城／陳錦輝攝

最倒楣的是最上義光。他是奉命不能動兵，說難聽點，是不敢和上杉軍正面交戰，不料伊達政宗竟擅自侵略上杉領地，又擅自和上杉景勝講和。東北地方的德川派只剩孤立無援的最上義光一人。

伊達政宗在「北關原合戰」時的行動非常詭異，箇中理由於後一章會接著詳述，在此先略過。

上杉軍於九月上旬開始攻打最上義光。德川家康於九月十五日展開「關原合戰」，當天即決勝負。

「石田三成敗北」的第一報於九月二十九日傳至會津若松城，九月三十日再傳至正在攻打長谷堂城的直江兼續耳裡。同一天，最上軍也得知「家康大捷」的通報。

所有軍事行動中，撤兵是成功率最低的一項，完全看大將手腕如何，尤以殿後部隊最重要。在這方面，直江兼續似乎很出色，不但在青史留下美名，連尾隨追擊的最上義光和伊達政宗也於事後讚嘆不已。

石田三成於十月一日被處刑，巧的是，直江兼續也在同一天撤兵。負責殿後的正是傾奇者前田慶次。

十月四日，兼續好不容易平安回到米澤城。出兵時帶三萬，歸還時僅減少一成，可見兼續的統帥能力極佳。據說德川家康於日後接見直江兼續時，也極力讚賞他的撤兵手腕。

十月二十日，直江兼續前往會津若松城謁見主君上杉景勝，商議戰後問題。有不少上杉家臣高聲主張務必和豐臣政權六大將之一的佐竹義宣聯手，一起攻打江戶城。

佐竹義宣一族石高五十四萬石餘。豐臣政權的侵朝武將追殺石田三成時，正是他急中生智用女轎救出石田。佐竹家和上杉家一樣，行動均以「義」為本。《德川實記》中記載，家康對他的評語是：

「這世上沒有比佐竹義宣更義氣深重的人。只是，太重義氣，反倒令人有點頭痛。」

「令人有點頭痛」的意思是不吃威逼利誘那一套。

「北關原合戰」時，佐竹義宣在德川領地境界建設防禦城，佈下密密麻麻的防線，亦可說是前線進攻據點。德川方也設有防線，雙方處於一觸即發的狀態。這些都是現代史家在遺跡考查出的事實。直江兼續在白河口動用六萬人佈置的野戰設施，至今仍有遺跡可查證。

上杉家臣主張和佐竹義宣聯手攻打江戶城，正是基於上述理由。

然而，景勝和兼續商議後，得出的結論是和談。

上杉家本來就沒有和石田三成訂定夾擊密約，何況雙方的距離實在太遠，即便動員所有忍者，彼此也無法正確掌握對方的動向。以後人眼光來看，如果石田三成晚半個月舉兵，讓德川軍和上杉軍在白河口開戰，歷史就真的得改寫了。

德川家康於十月十五日發表「關原合戰」戰後處理，沒收西軍大名的領地，加增東軍大名的石高。此時，所有大名都因改封領地而忙著搬家，家康本身也無暇顧及東北的上杉氏。說白一點，應該是不敢再動兵「征伐」會津。倘若家康再度發令攻打會津，這回恐怕會遭己方大名圍剿，各地的反德川派武將也不會作壁上觀。畢竟單憑上杉氏膽敢獨力迎擊德川大軍這點，就令所有大名武將崇拜到極點。

所幸北國的雪季讓上杉氏得以喘一口氣。

積雪期間，上杉家通過留守伏見的老重臣千坂景親與德川方交涉，並派老重臣本庄繁長上洛謝罪。這兩位老人家拚命居中調解，結城秀康也在一旁替景勝說盡好話，上杉家總算保住家名。

一六〇一年七月一日，景勝和兼續自會津若松起程。二十六日在大坂城謁見德川家康。

一年半前，正因為景勝拒絕上洛，才引起之後的一連串戰爭；一年半後，景勝終於向家康俯首稱臣。

◉ 直江兼續／林泉寺珍藏

八月十六日，德川家康公佈上杉氏的處置，從會津一百二十萬石大大名跌落為米澤三十萬石大名。佐竹義宣當然也遭減封。

上杉家不得不再度帶著眾家臣搬家。之前是從小房子搬到大花園房子，這回是從大花園房子搬到小公寓。而且上杉家在「北關原合戰」前錄用了大量浪人武士，減封後，負責行政的直江兼續沒有進行裁員，帶著六千多名家臣，包括其家人和下人總計約三萬人，全體徒步翻山越嶺遷至米澤。

兼續本來擁有六萬石俸祿，卻主動減為五千石，剩餘的全分發給其他家臣。下級武士最可憐，只能聚集在未開發地區搭草棚，戴笠荷鋤辛苦耕田，過著半士半農的日子。

米澤也是雪國。對上杉家武士來說，這一年的冬季應該過得苦不堪言。

三年後，景勝得一子定勝。定勝是景勝側室生的孩子。定勝出生前三個月，景勝的正室阿菊病逝，生後三個月，生母也病逝，定勝是由兼續的夫人阿船撫養長大。

直江兼續為了保全上杉家，於一六〇四年收本多正信的次子政重為養子。

《上杉家御年譜》描述政重於流浪途中偶然來到米澤，逗留期間與兼續的長女結婚，繼而成為直江家養子。這當然是表面話，實際上是本多正信和直江兼續於事前就安排好的親事。

本多正信是德川家康的幕後參謀，雖然做事不惹人注目，但發言權很大，算是德川家的宰相，類似豐臣秀吉身邊的石田三成。

直江兼續待在大坂城向德川家康謝罪期間，便已看出本多正信是德川家的幕後大人物。而正信也早已久聞兼續的名聲，刻意接近兼續。

兼續的目的是保全上杉家的安穩，正信的目的是利用上杉家鎮壓伊達政宗和最上義光。或許彼此並非完全別有居心，應該也有幾分純粹友誼在內。

總之，兼續讓自己的病弱嫡子放棄繼承家督的資格，有意讓政重接管直江家。這是兼續的苦肉計。

五年後的一六〇九年六月，在本多正信的暗中幫助下，幕府免除了上杉家十萬石軍役。

德川幕府初期，為了消耗「外樣大名」的財力，經常以軍役名目驅使「外樣大名」武士及領民充當土木工程的無酬勞工。「外樣大名」指「關原合戰」之前與德川家康同等地位的大名，以及豐臣秀吉沒後才降伏於家康的大名，表示非自家人的外人。

幕府免除上杉家十萬石軍役，是特例中的特例。

《上杉家御年譜》記載，聽到此消息後，米澤所有武士和老百姓均歡喜若狂。

同年九月，兼續的長女病歿（次女也在翌年病歿）。兼續讓侄女嫁給政重，當然這也是為了和本多家維持姻親關係的政治聯婚。

十二月，在本多正信的媒妁下，兼續的嫡子與膳所城城主（滋賀縣大津市）戶田氏鐵的女兒成婚。戶田氏鐵是幕府重臣之一，娶了戶田家的女兒，表示幕府公認兼續的嫡子繼承直江

◉ 本多政重／藩老本多藏品館珍藏

◉ 本多正信／德本寺珍藏

家。

這一連串的政治聯婚其實有很複雜的幕後理由，以後有機會再詳述。

翌年十二月，第二代將軍德川秀忠特地訪問江戶上杉宅邸，接受一場盛大饗宴。對駐江戶的諸大名來說，將軍親自來訪是最高榮譽。

之後，本多正信即讓次子政重和直江家解除養子關係。政重後來成為外樣大名中地位最高的加賀前田家重臣（實為監視角色），在加賀另立本多家，直至明治維新。

話說回來，家康生前的最後一項工作是殲滅豐臣家。

一六一四年春季，幕府決定在越後建設高田城（新潟縣上越市），讓家康的六子松平忠輝擔任城主。另一方，家康的孫子松平忠直是北庄城（福井市）城主。按地理位置來看，高田城和北庄城剛好前後夾住前田氏領地，可以防止前田家於「大坂之陣」加入豐臣軍。

當時，信濃和奧羽的大名都被動員修築城池，米澤上杉氏負責監督築城工程。

高田城位於往昔上杉謙信的春日山城山腳，對上杉家武士來說，即便是徭役，久違十六年能回老家，應該欣慰至極。雖然勞役期間只有半年，但這半年大概是上杉家眾武士最幸福的時光。

兼續留給後人的最大遺產是出版事業。當時京都要法寺存有銅活字，兼續和住持交情不淺，所以自費委託住持幫忙印刷。兼續出版的書不是戰術書亦非宗教書，而是三十一卷《文選》。或許他想讓生活貧困的上杉家武士藉詩詞以豐盈心靈。

翌年，「大坂之陣」結束後的七月，直江家二十一歲的嫡子病歿。這一年，兼續五十六歲，三個孩子都比父母早逝，也沒有後嗣。按當時的慣例，兼續應該可以從老家挑選合適人才過繼為養子，繼承直江家。

然而，兼續沒有如此做，他讓直江家斷後，五千石俸祿返還給上杉景勝，再分發給其他貧苦家臣。

一六一六年正月，德川家康病倒，上杉景勝前往駿府探病。同一時期，上杉家的恩人本多正信也臥病在床，兼續親自前去探病。

四月，德川家康病歿，享壽七十五。六月，本多正信病歿，享壽七十九。這兩人在同一時期過世，似乎暗示新時代已正式揭幕。

三年後，直江兼續終於拉下他的六十年生涯帷幕。再過四年，六十九歲的上杉景勝也在米澤城病故。

有時，勝者因勝而失去另一條鳥語花香的羊腸小徑；敗者因敗而探得另一條桃紅柳綠的康莊大道。我想，上杉景勝和直江兼續應該是後者。

不過，這篇文章畢竟只是簡介而已，有許多幕後詳情都略過了。

直江兼續的晚年很淒慘，過世後的待遇更令人同情，目前仍有不少地方史家在研究他的生涯。以後若有機會，我會再度詳細述說直江兼續與上杉家的故事。

第六話
奧州軍團的獨眼飛龍

伊達政宗

だて まさむね Date Masamune

予生也晚、無緣霸業的雪國戰將

◉仙台城跡天守閣遺址的伊達政宗雕像

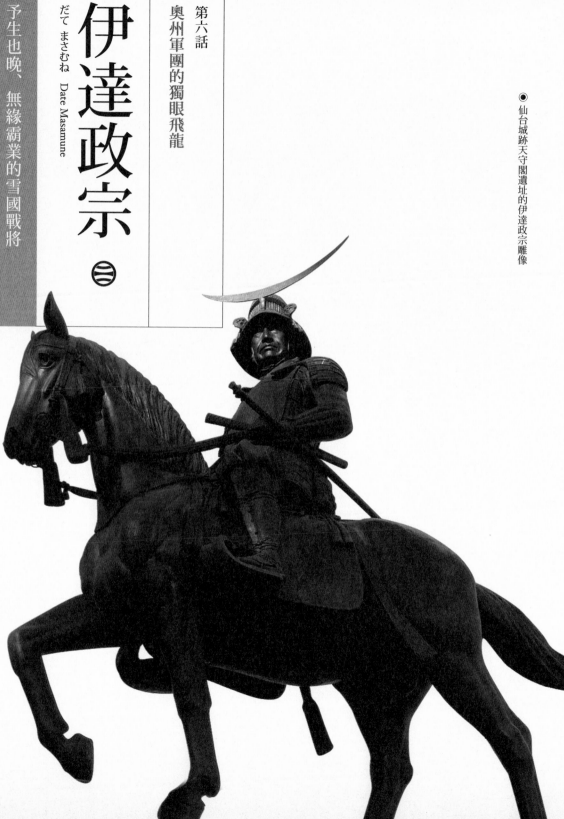

神祇的孩子「梵天丸」

伊達家先祖是常陸南部人（茨城縣下館市），原為藤原氏一族。十二世紀末跟隨鎌倉幕府創始者源賴朝遠征東北奧州，立下戰功，成為陸奧國南部（福島縣伊達市等）領主。自此取地名「伊達」為家名（苗字），之後遷移至出羽南部（山形縣米澤市）米澤城。源賴朝遠征東北奧州那段歷史，有點類似美國的西部開拓史或日本明治時代的北海道開拓史。

按血統來說，雖然伊達家世世代代是陸奧國南部地方名門望族，但始終沒有正式官位。傳到第十四代，亦即政宗的曾祖父那一代時，才獲得陸奧國（福島縣、宮城縣、岩手縣、青森縣、秋田縣東北部）守護大名官位。

伊達政宗正是在一五六七年誕生於米澤城。只是，伊達政宗出生時，當時三十三歲的織田信長已殲滅美濃齋藤氏，高舉「天下布武」旗幟，跨向一統天下之途。

政宗的母親義姬是山形城城主最上義守的長女，哥哥是著名戰國大名最上義光，兄妹倆僅差兩歲，感情非常好。

最上家和伊達家算是鄰邦。最上家先祖是足利氏一族分枝出來的斯波氏後裔，因奉命擔任羽州守護而在出羽國最上郡定居，取地名「最上」為家名，是出羽國名門望族。伊達家則為奧州實力派大名。一是名門之後，一是後起之秀，兩家進行政治聯婚也是勢所必然。

若要追本溯源，伊達家和最上家的遠古先祖都是古代朝廷公卿貴族後裔，之後不斷分枝，形成以家名為主的新血族單位。就這兩家來說，伊達家是後來居上者，在三代前才獲得守護職位。

簡單說來，豐臣秀吉統一全日本之前，東北地方原為獨立國，東半邊是陸奧國，西半邊是出羽國。伊達家是東半邊的領主，最上家是西半邊的領主，這樣說明可能比較易懂。當時的政治中心是西國京都，東北地方算是天涯地角，即便幕府想管也是天高皇帝遠，有心無力。何況戰國時代的室町幕府早已有名無實。

◉ 伊達政宗的祖父伊達晴宗／畫於1724年，仙台市博物館珍藏

◉ 伊達政宗的曾祖父伊達稙宗／畫於1724年，仙台市博物館珍藏

不過，當時的地方領主並非獨攬大權的絕對君主，領地內還有眾多小分國。這些小分國都靠聯婚或過繼子女結為親戚關係，如此才能穩固彼此的門第權力，亦可避免戰爭。因此大領主和眾多小分國領主之間幾乎全是姻親或遠親關係。倘若要一一細說彼此之間的輩分，那可是非常複雜，不但可以追溯至好幾代之前，連到底是姑媽、伯母、表姐妹、堂兄弟、姐夫、妹婿等稱謂都說不清。

政宗的祖父那一代，室町幕府又設置了一個「奧州探題」官位賜給伊達家。管轄範圍包括東北地方西半邊的出羽國。當時的室町幕府官員留下書信，說此舉是「空前絕後的政策」；換句話說，是久違三百多年首次新設的官位。至於政宗的祖父為何能得到此官位，這又可以追溯至好幾代之前的陳年舊事，在此就略過不提。

如此一來，世世代代都是西半邊出羽國守護的最上家頓時降了一級，官位比伊達家低。這也是伊達家和最上家會成為宿世冤家的最大理由。

政宗出世之前，最上家的勢力已經遠不如伊達家。最上家為了維持門第，只能讓長女義姬嫁給伊達家第十六代當主伊達輝宗，也就是伊達政宗的父親。

戰國時代的名門女子嫁給仇敵的目的大多只有一個：生個繼承家門的兒子。

◉ 伊達政宗的父親伊達輝宗／畫於1724年，仙台市博物館珍藏

雖然這個兒子將來很可能成為吞佔娘家的敵人，但也有可能成為娘家的有力後盾。嫁給敵國的名門女子若生不出兒子，處境會很難堪，既得不到夫家支持，又會惹娘家埋怨。當然也有類似織田信長的妹妹阿市那般的例子，生了三個孩子都是女兒，結果母女四人均成為戰國名人，青史流芳。不過阿市畢竟是特例。

最上家長女義姬於十六歲時嫁給二十歲的伊達輝宗，最初三年遲遲不見懷孕徵兆。義姬很焦急，拜託修驗道僧侶長海上人到「出羽三山」之一的湯殿山神社祝禱祈願。

長海上人祈願回來後，將浸了溫泉水的御幣擱在義姬住處屋頂，之後又將御幣移到義姬房間。

在此先說明一下湯殿山神社神殿和御幣。湯殿山神社位於湯殿山山頂，神殿內有個巨大赤褐色半圓形岩石，貌似臨近產期的孕婦肚子，巨石後湧出溫泉。此巨石正是湯殿山神社的御神體。

御幣是兩條一片片白紙束在一根竹子的祭神用具，在日本神社很常見。有時不一定是白紙，也有金銀五彩顏色的御幣。如果只將白紙綁在結繩再掛在某處，表示該處禁止一切邪氣闖入，有驅邪作用。

白紙在戰國時代是貴重品，當時的修驗者通常將白樺之類的白色樹枝削成薄片，再蜷曲成一片片花瓣般的御幣用來祭神或驅邪。因是木片，可以浸在溫泉中。長海上人正是用這種木片御幣在湯殿山神殿祈願。

御幣移至義姬房間後，過了幾天，義姬做了個夢。

夢中出現一白髮老僧，說要借義姬的肚子投胎。義姬在夢中回說必須先和丈夫商討。丈夫輝宗聽聞此事後，興高采烈地說這是瑞夢，並吩咐義姬假如再做同樣的夢，務必立即答允。

第二天夜晚，義姬果然又做了同樣的夢。她轉達丈夫的意見後，那老僧遞出一支御幣，囑咐義姬在懷胎期間用御幣進行胎教。

之後，義姬果然懷孕，生下的孩子正是伊達政宗。當時的人認為孩子是神佛賜予的禮物，父母必須按慣例把剛生下的孩子丟在神社或寺院前，讓神官或僧侶撿拾一次，再交還給父母撫養，如此才能保佑孩子平安長大。這是當時的育兒咒法之一。

長海上人是讓義姬如願懷孕生子的修驗僧，自然也擔當撿拾孩子的重任，並為政宗取幼名叫梵天丸。「梵天」正是修驗道的御幣別稱，是神祇附身的道具。取名「梵天丸」，表示政宗是神祇的孩子。

◉修驗道

修驗道成立於八世紀奈良時代，是日本古來的山岳信仰融合外來佛教所形成的宗教，其中還混合道教、密教，是日本獨特的宗教。修驗道實踐者稱為修驗者或山伏，明治時代一度被禁，二次大戰後又恢復。現代日本各地仍有不少修驗道靈山道場和信仰據點寺院。

自古以來，日本出羽國的月山、羽黑山、湯殿山均是修驗道著名靈山，統稱「出羽三山」。

當時的名門孩子都有專屬奶媽照顧。義姬極為疼愛政宗，命奶媽每天抱孩子過來給她看。

梵天丸平安無事逐漸長大。五歲那年某天，奶媽帶他到附近的寺院玩。即便是白天，寺院正殿內也昏昏暗暗。梵天丸好奇地輪流觀看每尊佛像，逛到一尊周身火焰、表情忿怒的佛像前時，情不自禁叫出聲來。奶媽趕忙撫摩梵天丸的背部，安慰道：「不用怕，這是不動明王神祇，不會害人。」

寺院住持也聞聲而來。梵天丸問住持：

「神祇應該都很和善，為什麼這尊神祇在生氣？」

問話的孩子是領主的長子，住持當然不能用幾句話搪塞過去，只能盡量以簡單易懂的詞句向梵天丸說明不動明王的由來。梵天丸聽後，思索了一陣子，答道：

「原來不是所有神祇都很溫和，原來也有強大的神祇。」

住持聽後，驚訝萬分。因為即便以簡單易懂的詞句說明不動明王的「不動」是「永遠不變的慈悲心」，忿怒的表情是為了驅除隱藏在人心深處的邪惡，一個五歲小孩恐怕也聽不懂。不料梵天丸竟聽懂了，而且還聯想到「強大的神祇」。

這件事經住持口中傳至世間。伊達家領民均拊掌慶幸將來的領主是個聰明孩子，可寄予厚望。

戰國時代的老百姓對領主繼承人的舉止行為或八卦風聲極為敏感。繼承人若是個昏庸愚昧的孩子，將來很可能遭鄰國侵略，而領地內一旦發生兵戈大亂，第一個遭殃的便是領民。

複雜聯婚習俗的惡果

伊達政宗右眼失明，所以後人才稱他為「獨眼龍」。

至今為止的小說或NHK大河劇都描述梵天丸五歲那年患上天花，導致右眼失明。梵天丸因此自卑感極重，不喜歡拋頭露面，甚至命侍童片倉小十郎（片倉景綱）挖掉自己的右眼。

母親義姬嫌棄梵天丸容貌醜陋，逐漸疏遠梵天丸，特別寵愛小政宗一歲的次子竺丸，並於日後圖謀毒殺長子政宗，卻被政宗識破。因毒殺事件，政宗出於自衛只得殺掉親弟弟竺丸，母親義姬則逃回娘家。

上述說法是後代小說家的創作，並非史實。一九七五年挖掘伊達政宗遺體時，經學術調查後得知政宗的眼窩毫無損傷。證明政宗並非先天性失明，而是後天性疾病導致右眼失去視力，也沒有被挖出眼珠，不過眼珠可能呈白濁狀。至於在幾歲失明，又基於什麼疾病而失明等問題，由於缺乏一級史料，一概不得而知。不過一般說法都是患上天花而導致失明。

總之，伊達政宗的右眼確實失明，但應該有眼珠。政宗命侍童片倉小十郎挖掉眼珠這段描述，是日本歷史小說家山岡莊八於一九七〇年代初創出的劇情，遺體挖掘則是一九七四年。只是，小說家的虛構劇情比較有趣，之後，無論漫畫或電視劇、電玩等，大多採用這段情節，還特地為他戴上眼罩。

話說回來，伊達政宗十一歲時元服（行成人禮），改名為藤次郎政宗。

◉挖掘先人遺體

為何會在四百多年後，重新挖掘先人遺體並進行調查呢？因為有不少大名靈廟在二次世界大戰中遭空襲而燒毀。

伊達家是為了重建藩祖政宗靈廟，而進行地底的石室學術調查。德川家則可能基於財政問題，於一九五八年將江戶時代的德川家歷代將軍靈廟廢墟土地賣給日本西武鐵道集團，日後化身為王子飯店。

為了重建藩祖靈廟或改葬，必須先調查地底下埋葬遺體的石室正確位置。也因此，現代人才能知曉某某大名或第幾代德川幕府將軍是什麼血型、身高大略、容貌如何之類的八卦。

日光東照宮的德川家康墓地以及日光輪王寺的德川家光墓地，均僥倖未遭空襲，也就沒必要改葬，才能保持四百多年前的原狀。

◉ 伊達政宗／唯一畫成獨眼的肖像畫，東福寺靈源院珍藏

「藤」字表示祖先是「藤原氏」，次郎則代表嫡子。伊達家代代嫡子都取名為「藤次郎」或「總次郎」。政宗的父親伊達輝宗在任官前也通稱「總次郎」。在伊達家，「藤次郎」這個名字非常重要，相當於向外宣布政宗是下一任家督繼承人。

藤次郎十三歲時，迎娶了田村清顯的十二歲女兒愛姬。田村家是往昔的征夷大將軍坂上田村麻呂的後裔，世世代代都是統治田村郡的有力「國人」。「國人」是土生土長的本地武士，亦即小分國領主，而守護通常是幕府派來赴任的外地人。

只要追溯田村家的女系家屬，便能理解戰國時代的聯婚關係有多複雜。

田村清顯的母親是伊達家第十四代家督的女兒，也是伊達政宗的曾祖姑；妻子則是另一有力國人相馬家第十五代家督的女兒。相馬家為伊達家的最大外患，但第十五代家督的妻子也是伊達政宗的曾祖姑。這種姻親關係根本不可能以一種稱謂來解釋，卻能說明當時各地領主之間的聯婚例子極為普遍。

日本戰國時代雖是亂世，卻也並非天天都在打仗。室町幕府失去行政、軍事、裁判等法治能力，形成無政府狀態之後，各地才陸續出現以實力統治領地的戰國大名。

這些戰國大名會盡量避免與鄰邦發生衝突，能講和就選擇講和，不能講和就用謀略讓敵方起內鬨，真正上戰場打仗是最終手段。主要原因是當時沒有職業軍隊。

舉例來說，某領主若想和鄰國打仗，首先必須召集各地小分國領主徵求意見。這些小分國領主再回去召集鄉民、村民等壯丁充當步卒。尤其陸奧是雪國，當時不但沒有防寒用具，連棉織品也是貴重進口貨，步卒於冬天赤腳穿草鞋的話，如何在戰場打仗呢？

再說，真正打起來或許不需花費太多時間，戰爭前的準備事項卻十分費事。動員、行軍、撤除行軍路途的障礙物、構築陣地、對峙期間的物品供應……這些問題比在戰場搖旗吶喊、兵交馬踏更瑣碎更麻煩。

實際的戰爭並不像電視劇那般簡單華麗，說打就打，喊殺就殺。何況即便當事人死在戰場，留在老家的家屬也沒有現代所謂的遺族年金可領。有不少領民一聽要打仗，馬上落髮離家當和尚去，戰爭結束後再還俗回老家耕田。

織田信長之所以能統一半個天下，正是因為他設立了職業軍隊。而豐臣秀吉之所以能統一整個天下，全歸功於石田三成的戰前籌備能力與戰爭期間的補給能力。至於德川家康，他幾乎不打仗，全靠謀略。

最上家的義姬嫁給宿敵伊達家，伊達政宗迎娶原為外患的相馬家女兒生下的愛姬，目的都是為了避免戰爭。引發戰爭的原因並非全是領主，有時是家臣或領民。倘若彼此的家臣或領民發生衝突，雙方領主有親戚關係，萬事都比較好談。

政宗十五歲時隨父親初陣（初次上陣），敵方正是相馬家家督的顯胤和嫡子盛胤。站在政宗的立場，對方是妻子的舅舅和表哥。愛姬娘家田村家的立場更是複雜，一方是女婿，另一方是舅子，哪裡容得插手？只能堅守中立。

伊達家和相馬家斷斷續續打了三年，最後伊達家總算奪回在政宗祖父那一代時遭侵略的領地。

確切說來，也不是相馬家侵略了伊達家。起初是政宗的曾祖父分讓領地給女婿相馬顯胤，後來政宗的曾祖父和祖父不和，祖父想奪回曾祖父讓給相馬家的領地。簡單說來，就是伊達家持續好幾代都在鬧內鬨。

大領主家起內鬨，其他小分國領主當然會看彼此間的關係而選擇到底要袒護哪一方。這也是戰國時代的複雜聯婚習俗所造成的惡果。

兩家打了三年，最終還是得託人出面調停。調停者又得拜託其他更有力的國人幫忙調停，調停後的結果依舊是聯婚政策。這種關係和日本的奧賽羅棋（Othello／黑白棋）類似，只要算準後幾步該怎麼下，再算準下了之後對方的棋子會怎麼翻轉，便能在瞬間把棋盤上的敵方棋子全數翻轉為自己的。

伊達家名份上雖是「奧州探題」官位，但到了伊達輝宗那一代，室町幕府已經有名無實，這個官位也就失去效力。只要伊達家惹惱了某小分國領主，對方就會連結眾多姻親關係領主與伊達家對抗，結果就跟奧賽羅棋一樣，整盤黑白棋子都有可能翻轉。

釐清了上述背景後，便能理解伊達輝宗為何在四十一歲就決定退隱，讓十八歲的政宗登上第十七代家督地位。

因為這時期的伊達家和宿敵相馬家已經和睦結盟，其他小分國領主間的糾紛也大致解決，而鄰邦最上家正在與出羽國各地小分國領主打來打去。

換句話說，伊達家正處於既沒內憂也無外患的和平狀態，正是讓位的好時機。

之前伊達家起內鬨的主要原因都出於父親那一代遲遲不肯讓位，導致家臣分為兩派，進而演變為父子骨肉相殘的諷刺結局。伊達輝宗自小目睹耳聞這種家庭鬧劇，深知上一代若久戀家督權位，極有可能又會演變為父子同室操戈的後果，因而洞燭機先早早讓位。

十八歲的政宗正是基於上述背景而登上伊達家家督地位，展開他的奧州獨眼龍生涯。

打破四百年來的統治潛規則

伊達政宗於一五八四年十月登上家督之位時，織田信長已於兩年前命喪本能寺，繼信長之後的豐臣秀吉正朝著「東西一統」目標邁

◉ 伊達政宗肖像畫／仙台市博物館珍藏

進。翌年，秀吉就任代天皇攝政的關白職位。關白退位後稱「太閣」，在日本只要提起「太閤」，通常指豐臣秀吉。

這時期的日本尚未統一，豐臣秀吉是一五八七年征服九州的島津氏後才算統一整個西國。

之後逐步東上，第一個討伐對象正是代代統治關東地區的北条氏。但政宗登上家督之位當時，豐臣秀吉還未掌握西國。

北条氏以北的主要戰國大名另有上杉氏、伊達氏、最上氏等，以及其他不少地方群雄。至於上杉氏的死對頭武田氏則已經滅亡。

雖然奧羽離西國京城很遠，年輕氣盛的政宗卻已經隱約察覺到時代潮流。他在十七歲那年寄給外甥一封書信，信中提及：

「倘若京城軍隊入侵關東口，我將和蘆名、最上兩家以及其他分國聯手對抗。」

政宗在信中說的「關東口」並非現代的關東地區入口，而是白河關、奧口以北的奧羽地區。就地理位置來說，西國的豐臣秀吉勢力再大，也不可能一直線入侵東北地方，其間還夾著北条氏和其他地方領主。

主要原因是交通問題，當時只有一條東山道可以連結關東地區與東北地方。以現代地名來說，正是仙台↓白石↓福島↓二本松↓郡山↓須賀川↓白河↓那須。雖然伊達家的勢力擴及福島，但二本松是畠山氏的勢力範圍，須賀川則是二階堂氏，白河是白河結城氏。越過白河關便是下野國（栃木縣）那須氏的領地。福島至米澤另有一條直通街道。所謂擴張領地，說穿了就是控制街道沿路的要塞城。

自從十世紀末鎌倉幕府開設以來，直至室町幕府衰落墜地的戰國時代，東北地方將近四百年始終沒有大規模戰爭，大領主和小領主都施行共存體制。畢竟東北地方的生存環境比西國嚴苛，何況冬天無法打仗，各個分國都堅守共存理念。

當然彼此難免打打小仗，但不致發展到以血償血的地步。大家都明白冤冤相報會帶來什麼結果，所以奧羽地區各領主間的姻親關係才會如此複雜。反過來說，萬一有共通外敵入侵，各領主均能暫時不計個人私怨喜惡，顧全大局地聯手對抗外敵。

政宗在信中說的正是這個意思。

然而，翌年繼承了家督地位的政宗卻打破四百年來東北地方的統治潛規則。起因是安達郡小濱城（福島縣二本松市）領主大內定綱。

大內定綱年長政宗二十二歲，在政宗繼位不久即前往米澤城祝賀，並表達歸順之意。

大內氏曾經歸附伊達氏，有段時期又從屬田村氏，最後又轉到蘆名氏旗下。並非大內缺乏忠誠心，而是戰國時代的小領主本來就有見風轉舵的習性，否則無法生存。何況大內定綱原本就不是任何戰國大名的家臣或小分國領主，他是幕府的直屬官僚，是守護代官。

武士的忠誠心或武士道云云，是在德川幕府創設後的江戶和平時代形成的思想觀念。亂世的戰國時代武士或小領主恰恰相反，必須隨機應變，視情況而選擇大領主或主君，不然絕對經不起任何小風小浪。

血氣方剛的政宗費盡心思打算讓大內再度歸屬伊達家，甚至在米澤特地為大內準備了宅邸。但是大內在米澤沒待多久，翌年初便返回自己的領地，再度歸屬蘆名氏。其實大內氏的選擇很正確，畢竟當時的政宗太年輕，難免令人覺得不可靠。

政宗看著大內氏又回歸蘆名氏旗下，面子上掛不住。試想，政宗剛登上家督之位就遭到這種近乎輕視侮辱的行為，不要說父親那一代的重臣會冷嘲熱諷，恐怕整個奧羽地區的小領主都會將此事當做下酒菜地數短論長。於是，政宗決定攻打大內定綱。

這正是伊達政宗廢棄東北地方四百年來的共存潛規則，躋身戰國大名之列的第一步。

同年閏八月，政宗大舉進攻大內定綱固守的支城，展開史書上所謂「小手森城全城屠戮」事件。政宗在寄給舅父最上義光的信中說：

「我親自上陣，用八千把槍砲攻陷小手森城。捕捉了大內親族五百人，不分男女老幼全屠殺，連狗也不放過。總計殺掉一千一百人。」

這封信的內容應該不是事實，是政宗欲向舅父顯示自己能力強大而故意誇大其辭。現代仍有一級書信史料可查證，例如政宗送出寫給舅父的書信後，第二天又寫了一封信給家臣，內容說殺了兩百人。九月二日寄給老師虎哉宗乙禪師的信中則變成八百人。

由此可見，政宗只是為了想讓長輩另眼相看，刻意大肆吹噓小手森城的戰功。寫給家臣的書信中所描述的兩百人比較接近事實。

根據當時的地方史料，陸奧一郡的動員兵力只有八百名，騎馬武士更少，頂多八十名，其他都是老百姓。儘管伊達家的領地不只一郡，但就算集結所有分國軍力也不及八千。何況無論哪個時代，一國之主都不可能只為了攻打一座城或某個地方城市，就集結全國所有兵力。那麼，政宗在信中說的八千把槍砲，到底是誰在指揮並負責開槍呢？

另一點，當時固守小手森城的人數也沒有那麼多。最明確的證據是大內定綱於日後又回歸伊達家，並成為伊達家重臣。政宗於日後還封他為一萬石領地城主。

大內「回歸」伊達家的意思，指的並非光他一人去賠罪就能成立，其中還包括大內的所有家臣和領民。倘若伊達政宗真的做出「全城屠戮」之類的殘酷事，大內很可能早就被懷恨在心的家臣或領民幹掉了，不可能平安無事帶領家臣和領民再度回歸伊達家。就這點來說，上述的小手森城屠殺兩百人的數字還必須打個折扣，真正的死傷人數應該更少。

話雖如此，「小手森城屠戮」事件確實讓年方十九歲的伊達政宗躍上奧羽地方舞台。假若這是政宗對外的一種宣傳手段，那他算是大功告成。

不過，此時的政宗尚未登上中央舞台。

東北地方新人類打壞傳統

大內定綱敗北後逃到畠山氏的二本松城。畠山氏和大內氏是姻親關係，二本松城是東山道的要塞之一，只要占領二本松城，不但可以南下，也能往西入侵蘆名氏的會津。

畠山氏拜託政宗的叔祖父伊達實元從中調停，伊達實元又拜託政宗的父親輝宗出面調停。畢竟政宗已經登上家督之位，即便伊達實元是政宗的叔祖父，也沒有資格和政宗商討講和條件。

伊達家提出的條件是沒收畠山氏部分領地。畠山氏只能無條件答應，於十月前往小濱城拜訪政宗，表示願意服從講和條件。翌日，再前往居於附近宮森城的輝宗表達謝意，此次畠山氏的扈從約二十數名。

因為是和睦宴席，雙方都沒有武裝。畠山氏告辭時，伊達輝宗送客人至玄關口。慘劇就在此刻發生。畠山氏家臣出其不意綁架了輝宗，一行人直奔二本松。輝宗的家臣因事發突然，慌了手腳，一方面派人追擊，另一方面遣人快馬加鞭向政宗告急。據說政宗此時正在鷹獵，接到緊急報告後，立即召集槍砲隊，在阿武隈川追上畠山一行人。

宮森城離二本松城大約八公里，只要越過西邊的阿武隈川即能抵達二本松城。輝宗正是喪身在阿武隈川河畔。有關此事件，至今為止有三種說法。

一、政宗追上畠山一行人時，輝宗已經遭殺害，政宗大怒而下令槍殺在場所有人。

◉ 阿武隈川：伊達政宗之父輝宗葬身此川河畔

二、政宗下令開槍時，畠山氏搶先殺了輝宗，繼而自戕。其他家臣全死在政宗的槍砲隊手上。

三、輝宗看到趕來搶救的政宗時大喊：「別管我！你下令開槍，全部殺掉！」於是政宗不得不殺掉親生父親。

由於畠山氏一行人和輝宗同時命喪當場，既缺乏證據也沒有證人，後世歷史小說家或電視劇通常採用第三種說法。畢竟只有第三種說法才能牽動讀者或觀眾的心，成為美談。

但是，站在歷史推理迷的立場看，上述三種說法都將政宗列在嫌疑犯圈外，甚至讓政宗具有不在場證據。可真相到底如何？這問題沒有正確答案，老實說，至今仍是日本戰國時代的懸案之一。

不過，可疑處倒是不少。

首先，決意出讓部分領地同伊達家講和的畠山氏，有必要綁架輝宗嗎？其次，正在鷹獵的政宗為何能及時組成槍砲隊？其三，在那種緊急狀況下，政宗的槍砲隊怎麼能算準時間剛好在境界處的阿武隈川追上畠山一行人呢？按理說來，應該是輝宗的家臣先抵達現場才對。其四，如果政宗用的是現代步槍，或許有可能準確地槍殺在場所有人；但當時的火繩槍命中率非常低，射程也不及一百米。

歷史推理迷最喜歡玩這類歷史事件的推理遊戲。各位讀者千萬別小看歷史推理迷的知識，為了找碴，他們的查證過程恐怕比歷史專家還要專。

總之，種種可疑處都令人覺得輝宗的死不是偶發事件，而是設計好的圈套，幕後人是伊達家。「輝宗意外死亡事件」一星期後，政宗即發兵攻打二本松城，名目是「代父報仇」。

站在畠山氏這方的立場來看，當主只帶二十數名隨從出門前往近鄰小城賠罪講和，順便向調停者輝宗道謝，沒想到竟慘死在國境，這口氣教人怎能吞得下？畠山氏只留下一個十二歲的兒子，於是所有家臣包括親族全部固守城內，決定與伊達政宗抗戰到底。

眾所皆知，攻城比守城難。在兵法上，硬碰

硬的攻城法是下下之策。何況當時東北地方的要塞城並非西國建造的那種華麗城堡，雪國的要塞城都是利用天然地理條件設置層層疊疊的防衛堡壘。所謂窮鼠齧狸，無處可逃的老鼠也會咬貓，伊達政宗當然攻不下。

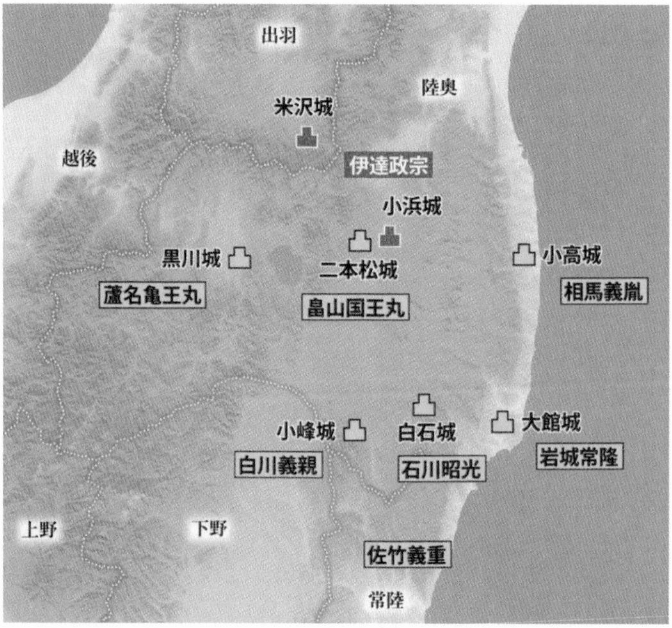

◉伊達政宗勢力範圍以南的領主全出動

十一月，佐竹、蘆名、岩城、石川、白川結成「五家同盟」聯手出兵北上支援畠山氏。簡單說來，就是伊達政宗勢力範圍以南的地方領主全出動了。

當時的十一月相當於現代的一月初，正是寒風凜冽、冰天雪地的季節。別忘了，東北地方在冬天是不打仗的。伊達政宗首先打破東北地方四百年來的潛規則，導致南部「五家同盟」也不得不漠視潛規則於嚴冬出兵。光這點也可證明畠山氏綁架輝宗事件確實有可疑之處。

據說「五家同盟」的軍力約三萬，政宗的迎擊軍力是七千。此數字當然不可靠，但政宗處於劣勢則是事實。後人稱此戰役為「人取橋合戰」，這是東北地方四百年來首次的大規模戰爭。

當時，政宗身上的鎧甲不但受到槍擊，政宗本人於晚年敘述往事時，也說過「那是我生涯中最激烈的戰役」。可見在這場戰役中，伊達家確實死傷了不少人。

然而，南部聯軍只打了一天，翌日就撤兵。

◉人取橋合戰。紅線：伊達軍，黃線：「五家同盟」聯合軍

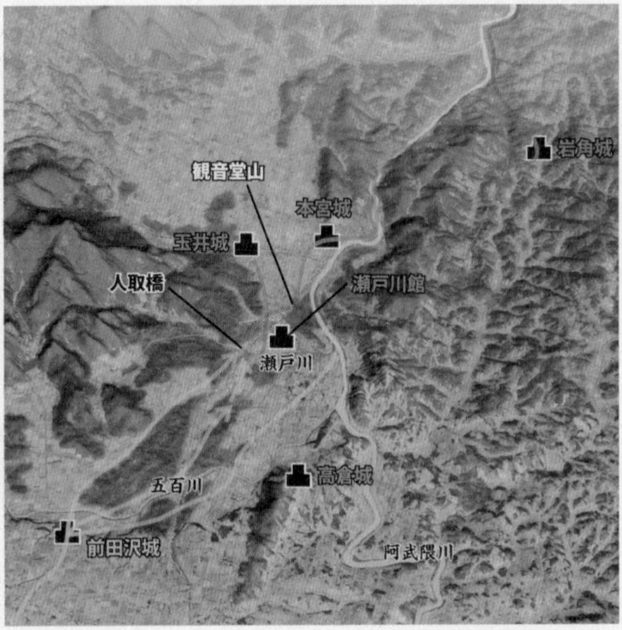

撤兵理由是「佐竹氏領地發生內亂」、「佐竹氏軍師遭暗殺」等。其實這些理由都是後人猜測的，缺乏說服力，事實上沒有人知道詳情。

最接近事實的理由應該是「五家同盟」的軍事行動只是一種演出，目的在警告政宗做事要堅守古來的潛規則，不能亂來。另一個目的可能是想讓政宗放棄攻打二本松城。

翌年一五八六年，二本松城依舊不講和也不投降。這時政宗已經回米澤城就任左京大夫。雪融時期一到，政宗再度斷斷續續攻打二本松城，最後由相馬氏出面調停。前面已經說過，伊達、田村、相馬三家都是姻親關係。經相馬氏勸說，畠山氏家臣才同意讓畠山氏的兒子逃到會津蘆名氏接受庇護，家臣團則不約而同分散瓦解。某些家臣甚至加入伊達政宗麾下，成為政宗的家臣。

如此，政宗以實力逐步奪取了安達郡鹽松（原為大內定綱領地）、二本松（原為畠山氏領地），不但佔據了東山道要塞城，同時與南部「五家同盟」締結和約。確切說來，應該是「五家同盟」沒法阻止政宗這個東北地方新人類的所作所為，只能容忍默許。

同年十月，政宗的岳父田村清顯驟逝，湊巧田村家沒有嗣子，於是紛爭火種又燃燒起來。田村家的正室（愛姬的母親）是相馬家的女

◉ 人取橋合戰繪馬／仙台市青葉神社珍藏

兒，獨生女愛姬則是伊達政宗的正室，導致田村氏家臣分為兩派，一派擁護相馬家，另一派歸附伊達家，三天兩頭窩裡鬥。

「東北地方獨立國」的想望

天正十五年（一五八七），政宗二十一歲，陸奧國四面八方都處於內亂狀態。所謂內亂，不外是家督繼承問題。

東北地方各地領主均是姻親關係，亦是敵對關係，一旦某家當主驟逝，家臣和小領主當然會為了私利或家門存沒問題而各分東西。那些小領主的內鬨糾紛非常複雜，在此略過不提，先說明一下西國的政情。

這一年，豐臣秀吉已經平定四國和九州，並下令驅逐天主教教徒。翌年八月又實施「刀狩令」，嚴禁老百姓持武士刀、弓箭、槍砲等武器，目的是構築完全性的兵農分離政體，免得農民不時來個武裝起義。

換句話說，豐臣秀吉已掌握了包括四國和九州的整個西國。不過，按當時人的思想觀念來說，西國和東國完全是兩回事。無論豐臣秀吉在西國搞什麼飛機或宣布啥命令，都跟東國人無關。你走你的陽關道，我過我的獨木橋，咱們各不相犯。這也是為何統治關東地區有百年之久的北条氏老是作壁上觀的原因。

而東北地方和西國的關係更如風馬牛不相干了。連距離最近的北条氏都沒有侵犯東北地方的意圖，誰料得到秀吉的鬼主意原來是「東西一統」呢？

東國所有領主中，唯獨伊達政宗先知先覺，料想到豐臣秀吉很可能入侵東北地方。

其實豐臣秀吉並不想用武力征服關東以北的地區。秀吉的計畫是先讓北条氏主動前來降伏，只要制伏北条氏，東北地方就好辦了。也因此，豐臣秀吉才命德川家康和上杉景勝擔任「東國代理」職務。家康的次女督姬是北条氏第五代家督北条氏直的正室，上杉景勝則是靠秀吉的力量才得以再度統一越後國。

時代潮流越滾越大，眼看這股洪流即將淹沒

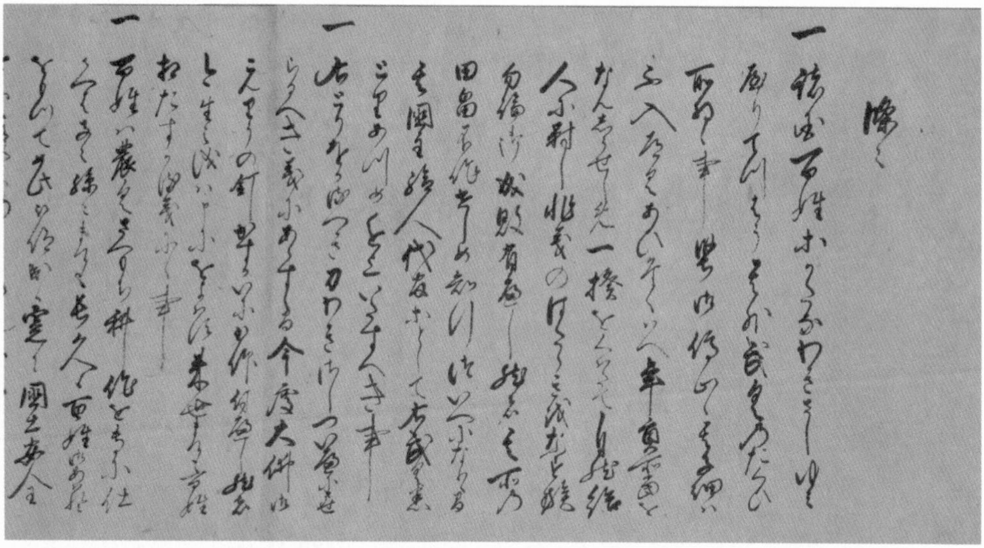

◉ 豐臣秀吉的刀狩令／早稻田大學珍藏

東北地方，但東北地方的小領主仍只顧著玩窩裡門遊戲。新人類伊達政宗之所以會生奪硬搶地征服東北地方，目的正是打算聯合東北地方所有小領主以對抗豐臣秀吉。

一五八九年二月，二十三歲的政宗落馬受傷。一九七五年調查政宗遺體時也查出政宗的左腳踝上部確實有骨折痕跡。

同年四月，骨折尚未痊癒，政宗即自米澤乘著轎子前往陸奧南方戰線。關東的北条氏早已收到秀吉遣人送來的勸降書信，政宗當然也收到了。只是政宗仍未統一陸奧，立場和北条氏不同。對政宗來說，必須盡快掌握陸奧霸權，否則無法守住東北地方。

這場戰役正是史書上的「摺上原合戰」，對手是蘆名、佐竹聯合軍。蘆名氏並非地方小領主，而是長期君臨會津的守護大名。結果政宗取勝，蘆名氏戰敗逃至佐竹氏的常陸國（茨城縣）。直到此時，政宗總算成為南奧州霸者。

戰後，政宗立即把居城從米澤遷移至南方的會津黑川城（福島縣會津若松市）。

◉ 太平記英勇傳／豐臣秀吉／落合芳幾

這時期的伊達家勢力範圍，相當於現代的岩手縣南部、山形縣南部、宮城縣中南部以及福島縣大半部。規模比十一世紀末至十二世紀的奧州藤原氏獨立國更大。

會津西南方是上杉景勝的越後國，而上杉景勝奉命擔任「東國代理」，理所當然必須向豐臣秀吉報告「摺上原合戰」的勝敗結果。

秀吉在六月收到上杉景勝的報告，政宗也是在該月從米澤遷至會津，同時遣使者上洛向秀吉側近報告「摺上原合戰」的來龍去脈。

或許讀者會問：伊達政宗征服陸奧的目的不是為了對抗豐臣秀吉嗎？為何還要遣使者向秀吉側近報告戰果呢？

請大家先記住一點，豐臣秀吉在一五八五年就任「關白」，正是伊達政宗繼承家督的第二年。

「關白」是代理天皇執行政務的官位，意思是豐臣秀吉已經在西國樹立了豐臣政權，只差沒設立幕府。站在秀吉的立場，無論九州的島津氏或關東的北条氏，甚至越後的上杉氏以及三河的德川氏，都是地方官，而非戰國大名。

秀吉就任「關白」後即下達「惣無事令」，意思是嚴禁大名進行私鬥，若發生領地紛爭等問題，必須向豐臣政權報告事由，並由豐臣政權仲裁。九州的島津氏不服從，沒有停止侵略戰爭，秀吉才於一五八七年發動「島津征伐戰爭」。島津氏降伏後，又重新拜領了薩摩和大隅兩國領地。

之後，秀吉又下達「關東惣無事令」和「奧兩國惣無事令」。「奧兩國」指的正是陸奧的伊達家和出羽的蘆名家。

政宗當然明白這些法令的重要性，雖不願服從，表面上仍得裝成乖順的樣子，免得日後橫生枝節。秀吉的手段是「胡蘿蔔加大棒」的懷柔政策，政宗的做法則是「上有政策，下有對策」的變化球原理。

總之，此時的伊達政宗明顯站在反豐臣派的立場，根本無意歸屬豐臣政權。他內心想達成的願望是「東北地方獨立國」。

從戰國時代往前回溯，約四百年前，奧州藤

原氏在平泉樹立了為期一百年的獨立國，並發展出獨特的平泉文化、淨土思想。即使在現代日本，平泉文化仍是東北人的榮譽和理想。伊達政宗正是打算樹立一個與西國中央政權毫無干係的東北獨立國。

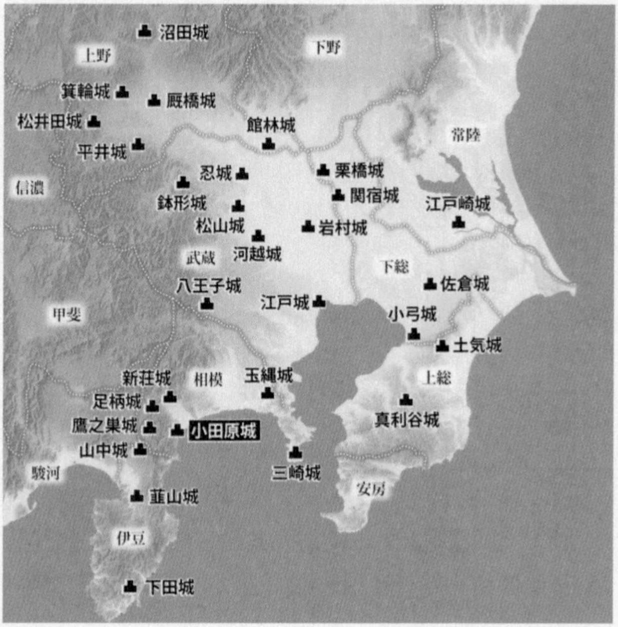

◉東國各城址

豐臣秀吉於翌年七月遣使者前往會津追究戰爭責任。伊達政宗以「奧州探題」官位為藉口，強烈主張平定陸奧是伊達家的本分。其實「奧州探題」這個官位早已隨室町幕府的滅亡而失去效力，但此時的豐臣政權尚未穩固，何況雙方距離太遠，政宗仍有圓夢的機會。

小田原負荊請罪

天正十七年（一五八九）末，豐臣秀吉終於下達「北条征伐令」。可憐的伊達政宗，好不容易才爬至南奧州霸主地位，不到半年，秀吉就發佈大規模的軍事動員令。

北条氏父子始終漠視豐臣秀吉的上洛要求，更不把「關東惣無事令」看在眼裡。站在北条氏的立場，這也是情有可原。他們世世代代都統治著關東地區，幹嘛平白無故得聽一個不知是什麼料的人所下的命令呢？

豐臣秀吉召集二十二萬兵力，三月自京都出發，一路遊山玩水，順著東海道東行。北条氏起初採籠城戰略，但在七月即開城宣告投降。

按秀吉向來的做法，只要對方降伏，應該不會嚴厲懲罰。秀吉和織田信長不同，可能基於出身卑微，秀吉絕對不會徹底殲滅歷史悠久的名門望族。

然而，這樣的秀吉唯獨對北条氏手下不留情。第四代當主北条氏政和弟弟、諸重臣都受到切腹懲罰，第五代當主北条氏直則被驅逐出境。統治關東百年的小田原北条氏就此完全滅亡。

日後，明治時代初期的政治家勝海舟評道：

「北条氏自第一代北条早雲以來，始終秉持仁厚政道。北条早雲不是惡黨，他的為政方式很得人心。因此德川家康最初進入關東地區時，老百姓都不聽德川的命令。」

這或許正是豐臣秀吉堅決滅掉北条氏的最大理由。

話說回來，此時的伊達政宗到底在幹什麼？三月中旬，政宗就收到其他大名寄來的「必須趕快上洛，不然後果會很慘」的忠告書信。東北地方的諸多領主也都火燒屁股般招軍買馬，打算趕往小田原以示忠誠。

伊達家於三月下旬召開重臣會議。史料描述，政宗本人已看清現實，深知再拖下去將自身難保。政宗的陪臣片倉景綱（小十郎）也持相同意見。結果伊達家重臣分為兩派，主戰派和恭順派吵來吵去，最後決定恭順。

事情到了這種地步，政宗的處境變得很艱險，他內心非常苦惱。至今為止，他一直漠視豐臣秀吉的上洛要求，而且從未和秀吉會面，負責秀吉和政宗之間的聯繫窗口是淺野長政、木村吉清等官僚。淺野長政為了完成任務，頻頻在書信中說「只要你來小田原，有關會津的戰爭責任將不予過問」；木村則來信說「只要來小田原，不但能保全會津領地，說不定另有獎賞」。

政宗當然不會傻傻地聽信這些窗口官僚隨口開出的空頭支票。他沒見過豐臣秀吉，完全摸不清秀吉的個性和為人，更猜不透秀吉會怎麼處罰伊達家。政宗在寫給家臣的書信中，毫不隱瞞吐露自己的苦惱：

◉ 豐臣軍突破關東入口的箱根山，遠征小田原

「萬一和關白談不來，我大概難免遭受切腹懲罰……我日夜擔憂的正是這點。」

之前，豐臣秀吉遣使者追究戰爭責任時，已經表明秀吉認為伊達家是侵略者，蘆名家是被害者。假如政宗在小田原有機會和秀吉會面，他必須向秀吉說明侵略蘆名家的理由，而且這個理由必須堂皇正大，光明磊落。

伊達政宗決定在四月六日出發前往小田原，但實際出發日期是一個月後的五月九日。這期間到底發生了什麼事呢？

按照後代歷史小說家的說法或電視劇的描述，是政宗的母親義姬偏愛弟弟，打算讓弟弟登上家督之位，於是和娘家哥哥最上義光聯手策劃毒殺政宗，卻被政宗識破。政宗的弟弟因此喪命，義姬也逃回娘家云云。

我先把話說在前頭，上述劇情完全是小說家的創作，千萬不要當做史實。這時期，伊達家正處於進退兩難的困境，只要走錯一步，便會步上北条家的後塵，哪有餘裕鬧什麼家督繼承問題？何況義姬也沒有馬上逃回娘家。史料已經證明，義姬是五年後才回娘家，政宗和義姬之間也沒有任何不和的證據，反倒是政宗的戀母情結非常重。

義姬、政宗、義姬的哥哥最上義光三人都留下大量親筆書信，後人若想查證，均可以從留下的書信內容判斷是非。

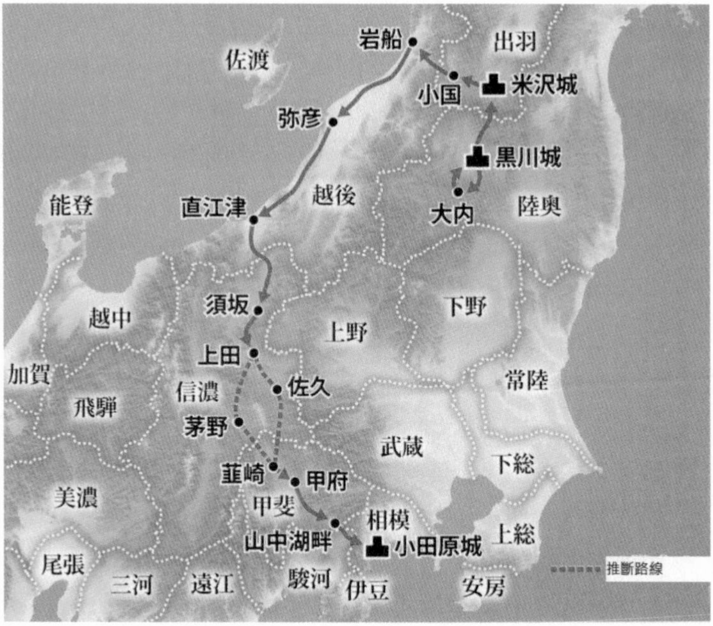

◉伊達政宗繞了一大圈遠路才抵達小田原

在此先說明一下最上家當時的處境。

最上義光和伊達政宗之間沒有發生過大規模合戰，倒是最上義光因侵略庄內，而且當時的對戰敵手是上杉景勝，因而他的戰爭責任比伊達政宗重。所以最上義光很早就決定要趕往小田原向豐臣秀吉請罪，不巧他父親在此時病歿，為了辦理後事，不得不延遲前往小田原的日期。他的憂慮比政宗還深重，哪有餘裕策劃什麼政宗毒殺事件？自身性命都難保了，他管得著伊達家嗎？事實上，最上義光是六月下旬才抵達小田原。

原本決定在四月六日出發的伊達政宗，確實因弟弟意外身亡而延遲了出發日期，但政宗的弟弟到底是病歿還是遭毒殺則不得而知。

總之，政宗在四月十五日順著會津西街道（會津—日光）南下，抵達下野國國境時，遭敵對勢力（在此指支援北条氏派）阻擋，只得先回會津，再北上前往米澤。然後從米澤順著日本海，也就是通過上杉景勝的領地越後國，再通過信濃、甲斐，繞了一大圈遠路才抵達小田原。

政宗於事前當然有徵得上杉景勝的同意，否則無法順利通過越後國。而上杉景勝的身分是豐臣政權「東國代理」，勢必得設法讓政宗一行人平安抵達小田原。

另一方，政宗此時的立場和上杉景勝、德川家康等人完全不同，他是負荊請罪，不能帶軍隊，不然其他人會以為他是去支援北条家。因此政宗只帶了一百名扈從動身。

一個大名只帶一百名扈從迢迢從米澤前往小田原，這在當時可以說是近乎自殺行為，所幸通路都是上杉景勝的領地。花了整整一個月，政宗總算於六月五日抵達小田原。

秀吉論功行賞，政宗白忙一場

政宗抵達小田原後，豐臣秀吉沒有立即召見，而是命政宗在箱根山中的底倉待命。兩天後，秀吉又派五名家臣前來責問政宗。用現代法律知識形容的話，蘆名家向豐臣政權提出訴訟，政宗此時的立場是被告人，蘆名家是原告人，秀吉派來的五名家臣是檢察官。

當時的一問一答都有史料可查證。政宗的辯解雖然有點牽強，論點卻很明確，首尾一貫，並強調自己不是加害者，反倒是被害者。

秀吉看了檢察官等人的報告書後表示，只要政宗把會津領地歸還蘆名家，其他問題將不予過問。

此裁決和秀吉至今為止的做法一致，判決內容大致和九州的島津氏類似。

兩天後，秀吉才正式接見政宗。這時，豐臣秀吉五十五歲，伊達政宗二十四歲。會面地點是距離小田原城約三公里的石垣山，亦即傳說中的「一夜城」，但實際建設工程花了將近兩個月才完成。

有關這次的會面，不少書籍都描述政宗全身白色裝束，打扮成死人模樣以表忠誠。這也是

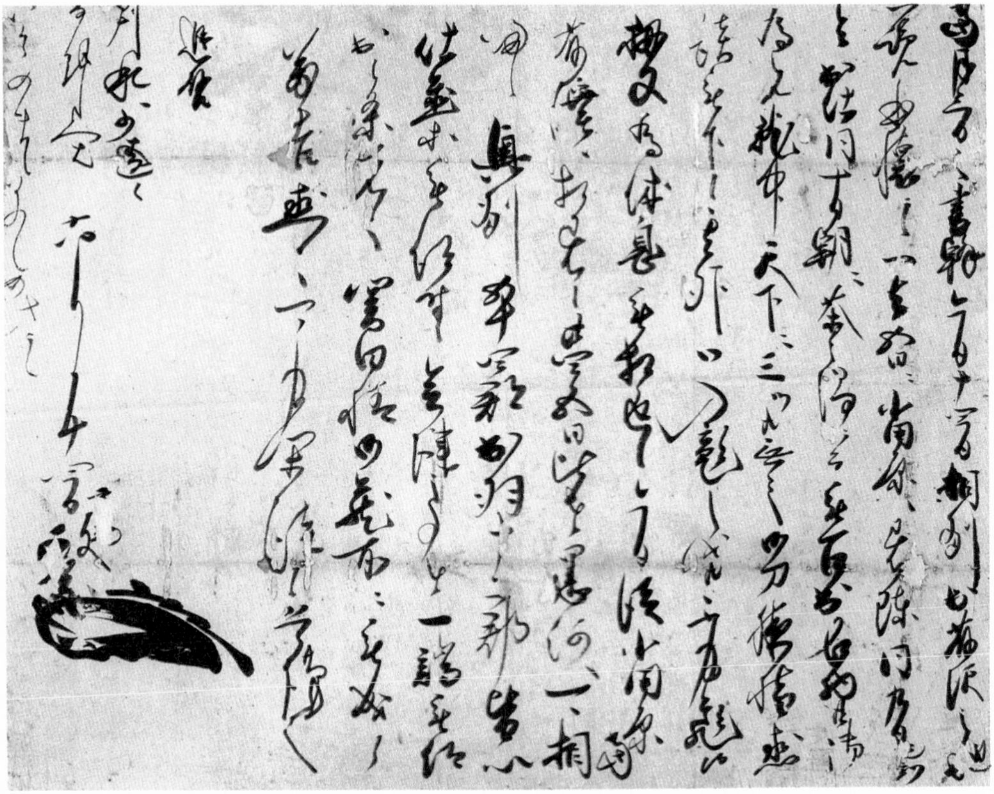

◉ 伊達政宗於小田原寄給家臣的書信，內容提及可以保全所有領地和「奧州探題」官位

後代文人創造的劇情，事實上政宗是穿正裝謁見豐臣秀吉。會面時，秀吉似乎表現得很寬大，沒有具體說明將如何懲罰伊達家。

由於秀吉沒有怒意，政宗喜出望外，馬上寫信給留守會津的家臣，從小田原連續寄出三封家信。這三封家信的內容都沒有提到會津必須歸還給蘆名家，政宗反倒向家臣說，奧州五十四郡、出羽十三郡全歸伊達家所有，伊達家在豐臣政權下仍可保全「奧州探題」官位。

政宗和秀吉會面時，秀吉到底說了什麼？這點完全沒有史料可查證。但從政宗寄出的家信內容看來，秀吉在會面時雖然沒有明說將如何處罰伊達家，但可能也沒有允許伊達家繼續坐在「奧州探題」官位上。

「奧州五十三郡、出羽十三郡全歸伊達家所有」這句話，很可能是秀吉的側近信口開河說的表面文章。畢竟此時的豐臣秀吉完全不瞭解東北地方的內情，何況政宗從來沒有為秀吉立下任何戰功，秀吉怎麼可能會粗率地將東北地方交給政宗管理呢？

政宗在小田原待了約十天，即返回會津黑川城。秀吉似乎在會面後才發下正式懲罰命令。因為豐臣政權官僚的木村吉清和淺野長政等人也隨政宗回會津，負責接收會津黑川城。歸途中，政宗大概一路上都無精打采，垂頭喪氣。

如此，伊達政宗在會津黑川城只住了一年，便不得不再度搬回米澤城。

至於關東這方，北条氏開城降服後，秀吉在小田原城論功行賞。北条氏的關八州領地全歸德川家康。之後，秀吉馬上決定繼續「奧州征

◉ 豐臣秀吉進行「奧州征伐」時，伊達政宗奉命當嚮導前往宇都宮迎接時拜領的甲冑／仙台市博物館珍藏

伐」，七月十七日即離開小田原，動身前往奧州。

秀吉大概想趁勢一口氣平服東北地方，順便親眼看看東北到底是什麼鬼地方，怎麼有眾多領主都不服從中央政權？

隨秀吉北上的大名有德川家康、上杉景勝、豐臣秀次等人。由於必須行軍，豐臣秀吉特別命關東大名和各地領主修築擴張東山道，架橋修路的費用當然全由當地人負擔。

秀吉對奧州各領主的處罰相當嚴厲。第一回在宇都宮治罪，下野國的那須氏因沒有前往小田原，領地被沒收。秀吉並命各地領主的家眷都必須遷至京都居住，換句話說，領主家眷必須在京都當人質。

八月上旬，秀吉抵達會津，進行第二回奧州懲治。這回更嚴厲，在奧羽小分國統治了幾百年的地方領主全被撤職，領地遭沒收，理由是沒有前往小田原支援豐臣政權。這些小領主真的很吃虧，他們都是看大領主伊達政宗遲遲不前往小田原，才決定作壁上觀，沒想到竟難逃連帶責任。

秀吉沒收了奧羽分國小領主的領地，表示間接沒收了伊達政宗和最上義光這兩家大領主的領地。失去領地的小領主等於失去經濟能力和軍力，只能主動降一級成為大領主的家臣。

秀吉將沒收的領地逐次分發給近臣，論功行賞完成後才踏上歸途，返回京都。也就是說，伊達政宗在這之前拚命擴張的領地，全讓秀吉的近臣給奪走了。

政宗應該遭受極大打擊，他的領地都被秀吉榨取，版圖縮小至福島縣北部和宮城縣南部，而且「奧州探題」官位也被取消。兩個月前，他還在慶幸可以保全奧州五十四郡、出羽十三郡呢。

福島縣四十二萬石歸蒲生氏鄉，宮城縣三十萬石屬木村吉清。伊達政宗雖然仍擁有七十二萬石領地，但秀吉命他必須和木村聯手輔助新上任的蒲生氏鄉。

不僅伊達政宗不服，之前和政宗交戰的蘆名、佐竹兩家更吞不下這口氣。事前明明說好會津領地將歸還給舊領主蘆名氏，怎麼變成豐臣秀吉的直轄地？而在幕後支持蘆名、佐竹兩家的上杉景勝恐怕面子也掛不住。

總之，豐臣秀吉對東北地方的處置不但無法令人心服口服，反倒播下日後的紛爭種籽。

十年後，德川家康以征伐上杉為藉口，引發「關原合戰」。當時，上杉景勝和佐竹義宣、伊達政宗都沒有積極加入石田三成的西軍，均留在自己領地固守城池，隱因可能正在此。

在此先說明一下蒲生氏鄉和木村吉清這兩人的背景。

蒲生氏鄉是織田信長的女婿，「本能寺之變」時，他及時奔往近江安土城救出信長的正室濃姬和其他織田家眷屬。豐臣秀吉成為統治者後，氏鄉又讓自己的妹妹當秀吉的側室。對豐臣秀吉來說，氏鄉算是自家人，既是織田信長的女婿，又是自己的大舅子。因此秀吉才沒有把會津還給蘆名氏，反倒讓蒲生氏鄉鎮守會津，等於讓自家人帶領軍隊駐紮東北地方，以便監視伊達政宗等人。

木村吉清原為明智光秀的家臣，在戰國大名中，本是個不起眼的人物。但對伊達政宗來說，這人非常重要，是政宗今後的死對頭。木村吉清在「本能寺之變」後背叛明智光秀，間接讓豐臣秀吉掌握了政權，八年後才得以升級為三十萬石的速成大名。

釐清了這兩人的背景，便能理解下一節描述的一揆事件來龍去脈。

差點被蒲生氏鄉搞死

大半領土遭沒收的政宗肯定心灰意冷，意志消沉。但他仍得當嚮導，帶蒲生氏鄉、淺野長政、木村吉清等人前往遭沒收的領地巡迴。木村吉清得到的領地是葛西七郡和大崎五郡（宮城縣北部至岩手縣南部）；父親吉清住進名生城（宮崎縣大崎市），兒子清久搬入寺池城（宮崎縣登米市）。不料，木村父子於八月剛進城，十月下旬就發生一揆暴動（農民武裝暴動）。史書稱為「大崎、葛西一揆事件」。

按地理位置來說，蒲生氏鄉住在會津，會津北部是伊達政宗的米澤城，米澤城東北部正是木村吉清父子的新領地。

一般說法是木村父子施行惡政才導致一揆發生。不過此說法有點牽強，八月才進城的人，哪來餘裕施行惡政？此時城內恐怕因搬家還在鬧哄哄哩。最有可能的原因應該是大崎、葛西的舊領主不滿豐臣秀吉的決定，煽動領民武裝暴動。據說參與一揆的農民多達四萬餘。

◉ 蒲生氏鄉／畫於1621年／西光寺珍藏

剛上任新領主的木村父子根本不堪一擊，於十一月各自逃離居城，躲進佐沼城（宮城縣登米市）籠城。氣焰熏天的暴民趁勢佔據了新領主的居城名生城。

淺野長政這時正在會津東南部的白河搜檢領地，收到一揆報告後，立即要求會津的蒲生氏鄉和米澤的伊達政宗出兵討伐一揆，鎮壓暴民，同時也向關東的德川家康告急。

就蒲生氏鄉、伊達政宗、德川家康這三人來說，只有本地人伊達政宗最清楚東北地理環境和民風。而且對政宗來說，所謂的「暴民」都是自己的舊領民，他當然不會坐視不管，立即率領一萬兵力於十月二十六日出征。換算成陽曆是十一月下旬或十二月初，東北地方已經是寒冬，政宗的軍隊必須在積雪中行軍。

政宗另外又派遣使者前往會津向蒲生氏鄉報告：「敝人先出征，請蒲生大人自會津直接出馬。」

其實政宗的做法沒錯，判斷也非常正確。米澤離葛西、大崎較近，何況是舊領民發生暴動，他得盡快行動。可是，接到聯絡的德川家康也派兵前往白河後援。如此一來，夾在米澤和白河之間的會津蒲生氏鄉的立場就變得很難堪，好像全世界的人都知道一揆暴動事件，並急著派兵鎮壓，只有會津這邊像個呆瓜，一無所知。

木村父子剛上任，蒲生氏鄉也剛上任，兩邊的領地若發生事件，伊達政宗搶先出面處理是理所當然。難堪之處就在連遠地的關東新官德川家康也早一步派兵插手，對蒲生氏鄉來說，這會落人笑柄的啊，面子掛不住哪。

儘管蒲生氏鄉內心不高興，還是得率兵鎮壓暴動。據說蒲生帶了數千名兵力，只是西國人不習慣雪地行軍，拖拖拉拉地直到十一月十四日才抵達松森城（宮崎縣仙台市泉區）和伊達政宗會合。

會合後，雙方大將首先必須簽訂聯合作戰合約。這時的合約協同書內容主要是以下幾點：

- 蒲生氏鄉擔任總指揮。
- 一揆軍若遵守「惣無事令」而主動降服，一律不予處罰。
- 如果舊領主葛西平定了一揆，事後將向中央政權申請復職。
- 不須動用關東後援軍，由伊達軍和蒲生軍負責平定一揆。

討伐日期決定在十六日。然而，蒲生在作戰當天竟然單獨率兵攻打守在名生城的一揆軍，攻陷後，自己就躲在城內籠城。原來伊達政宗的家臣須田伯耆向蒲生告密說一揆首領是政宗，而且政宗計畫暗殺蒲生。蒲生聽信了，才單獨率兵攻陷一揆軍佔領的名生城，繼而躲在城內以免遭暗殺。

不知詳情的政宗只能莫名其妙地率兵攻打其他被一揆軍占領的小城，但是躲在佐沼城的木村父子依舊被一揆軍團團圍住。政宗只得發書信給蒲生，提議聯手進攻佐沼城，救出木村父子。蒲生卻以身體不適為由拒絕了。

十一月二十四日，政宗單獨帶兵攻陷了佐沼城，並救出木村父子。按理說，政宗在這次的一揆事件中立下很大戰功，沒有理由遭懲罰。蒲生氏鄉也在信中褒獎政宗做得好，並答應會向秀吉報告有關政宗的戰功。沒想到，氏鄉給秀吉的報告內容竟是：

「伊達政宗企圖叛變！」

脫險後的木村父子一直在氏鄉面前褒獎政宗的戰績，但氏鄉毫不動心，繼續籠城。

當時的聯絡方式只有書信和風聞，其他就是各領主僱用的忍者隊帶來的情報可當參考資料而已。身在遠方西國的豐臣秀吉似乎也無法得知一揆詳情，口信和情報錯綜複雜。最後，豐臣秀吉終於在十二月命德川家康、豐臣秀次守住東山道白河口，並命石田三成帶兵守住東海道相馬口。守住這兩條街道的出入口，表示欲阻止伊達政宗率兵闖入關東。

對二十四歲的政宗來說，這真是多災多難的厄運之年。六月才剛逃過小田原事件風潮，之後遭領地充公的處罰，接著又揹了一揆幕後煽動者和企圖叛變的黑鍋。

此時的政宗仍舊蒙在鼓裡，不知道自己的頭上已被扣上一頂莫須有的帽子。

十二月下旬，淺野長政因必須西下前往京都向豐臣秀吉報告一揆事件的來龍去脈，於是召喚政宗前往二本松，要求政宗寫申辯書。政宗的申辯書內容很長，從小田原事件開始訴說，再解釋聽聞一揆報告後，他和蒲生氏鄉之間的聯絡書信內容以及作戰合約，最後忍氣吞聲說，願意交出人質以消除蒲生氏鄉的誤解。

可憐的政宗。這封申辯書到底花了他多少時間？大概動員了所有家臣連夜開會才寫出來的吧。

長政先代秀吉接受了政宗的申辯，再前去勸說蒲生氏鄉。結果，政宗的叔父和重臣伊達成實等人均成為蒲生氏鄉的人質。蒲生氏鄉本人則拖到翌年一月才離開木村吉清的居城，動身返回會津。

那麼，西國那邊的豐臣秀吉到底如何判斷此事呢？秀吉似乎不聽信蒲生氏鄉送來的報告。

根據史料，秀吉這時向側近透露：

「政宗那個小鬼應該沒有任何叛變企圖。他在小田原時就已經失去叛逆心。之後又失去大半領土，也是半句怨言都沒有。北条氏已經滅亡，伊達政宗沒了靠山，不可能煽動一揆再次給自己找麻煩。」

豐臣秀吉不愧是關白身分，即便身在遠方，即便情報錯綜複雜，也能做出這種初步判斷。最大原因可能是豐臣秀吉在小田原時已見過伊達政宗，而且直接和政宗交談過，才會下如此判斷吧。倘若秀吉之前沒見過政宗，光憑風聞下判斷，政宗很可能插翅難逃，被判死罪。

豐臣秀吉這番話留有史料。當時擔任秀吉主簿的文官和久宗是（一五三五—一六一五）是伊達政宗的情報員之一，後來成為政宗的家臣，之後參與「大坂冬之陣」，進大坂城和德川家康對抗，最後死於「大坂夏之陣」。

和久宗是風聞此消息後，馬上寄出一封密書給政宗。政宗收到信時，想必舒了一口大氣。然而，現實局勢更複雜，相關人物都非小兵小卒，哪能拍拍手就散局？

守在白河口的豐臣秀次不但不撤兵，蒲生氏鄉又遣使者上洛向秀吉控告政宗謀圖不軌。換句話說，伊達家其他家臣又向蒲生氏鄉告密，還提出證據。此時的氏鄉想下台也下不了台。

和久宗是在信中勸告政宗，事態已經到了無法以距離太遠為由的地步，政宗無論如何都得親自上洛一趟，直接向秀吉辯解。現代人也是如此吧，雙方發生什麼誤解時，與其聽第三者在一旁說三道四，不如親自打一通電話向對方確認事實比較容易解決問題。

遺憾的是，當時沒有電話也沒有電腦視頻，政宗只能親自出面處理。何況站在豐臣政權那些官僚的立場，蒲生氏鄉是自家人，更是中央政權派去駐紮的大官，伊達政宗只不過是個東北地方的鄉下小霸主，即便要保全面子，也得先保全蒲生氏鄉的面子。

一五九一年一月中旬，西國的中央政權終於下令，命政宗上洛辨明是非。政宗於月底自米澤城出發，閏一月下旬抵達清洲（愛知縣西北部）。這時的政宗大概做夢也沒想到秀吉本人會在清洲嚴陣以待。

秀吉以鷹獵為由，特地從京都前往清洲和德川家康、蒲生氏鄉等人商討東國經營事項。之後，秀吉讓家康、氏鄉先回京都，自己則留在清洲等待政宗前來。

倘若按傳說，此時的政宗應該再度身穿死人的白色裝束，還特地安排磔刑柱於隊列之首。不過，這些都是電視劇或小說劇情，目的在強調政宗的困境。反正身穿什麼服裝都是小事一樁，當做事實也無妨。重要的是，秀吉在清洲先告訴政宗：「我認為這回的事件並非事實，你不用太擔心。」之後再命政宗繼續上洛。

為何後人會知道得這麼清楚呢？別忘了，政宗很愛寫信，他留下大量親筆書信給我們這些後人舞文弄墨地說短論長，數黑論黃。總之，這時的政宗大概又感激得奮筆疾書，寫了家書寄給留守米澤城的家臣。

二月初秀吉在京都下了非正式的內部判決。木村父子的領地遭沒收，全轉給政宗，但政宗也被沒收五郡。從數字看，秀吉沒收了政宗的五郡領地，再把發生一揆事件糾紛的葛西、大崎十二郡發給政宗，表面看似升遷，實為縮減。

秀吉可能也頂不住內部官僚的非議吧。只是，秀吉以另一種方式補償政宗，不但讓政宗升官，並允許政宗冠「羽柴」姓，還命淺野長政在京都為政宗建築豪華宅邸。雖然這棟京都宅邸令政宗日後花了不少維持經費，但確實是一種厚待。

不過，由此也可想見當時的豐臣政權並非專制統治，基本上是聯邦共和國。關東統治者是德川家康，陸奧是蒲生氏鄉，越後、出羽是上杉景勝。一旦發生類似「大崎、葛西一揆」之類的緊急事件時，命令系統和聯絡管道、軍事動員系統都無法一直線暢通。或許正因如此，秀吉才讓政宗遷移至葛西、大崎一帶，好讓蒲生氏鄉能掌握整個陸奧。

然而，政宗的悲劇尚未終結。

翌年，豐臣秀吉進行第二次奧州征伐。政宗

拚命立下戰功，讓秀吉實現了實質上的東西一統願望。事後，論功封賞的結果，政宗失去居城領地米澤和祖傳的陸奧伊達郡等七郡，正式減遷至因一揆事件而荒廢的大崎、葛西。

新領地據說約五十八萬石，蒲生氏鄉則升遷為九十二萬石大名。值得注目的是，第二次奧州征伐時，在戰場負責判斷功勳的「軍監」是石田三成。

秀次垮台：第三次危機

天正十九年（一五九一），關白豐臣秀吉五十六歲，內大臣豐臣秀次二十四歲，大納言德川家康五十歲，東北獨眼龍伊達政宗二十五歲。同年年底，秀次升任關白，秀吉晉升為「太閤」。

秀吉讓蒲生氏鄉接收政宗的領地，成為東北最有力的大名，其實另有理由。蒲生氏鄉肯定非常優秀，織田信長才會把女兒嫁給他。但到了豐臣秀吉這一代，「織田信長的女婿」這個名分反倒成為蒲生氏鄉的絆腳石。秀吉恨不得全部抹殺掉舊織田系列大名，卻又不能做得太顯眼，於是採敬而遠之方式，把蒲生氏鄉調到遙遠的東北地方。換句話說，是一種除去眼中釘的人事調動。

據說，氏鄉最初奉命遷至會津時，曾淚流滿面向家臣說：「即便領地再小，我也寧願待在西國。遷到東北地方，等於遠離中央，我什麼事都不能插手。」

這種心情是不是和黑田如水極為類似？只要能待在豐臣秀吉身邊，黑田官兵衛也寧願選擇小國。只是兩人都無法如願以償。

同年九月下旬，伊達政宗率領所有家臣和眷屬遷移至氣候更寒冷、土地更貧瘠、領民因一揆而疲憊萬分的大崎、葛西。政宗的長男秀宗正是在這時出生。

戰國大名並非整天都在打仗，對領主來說，最重要的是如何經營領地。為了讓新領地順利上軌道，政宗提拔所有大崎、葛西的舊領主成為伊達家重臣。

◉ 太平記英勇傳／豐臣秀次／落合芳幾

◉伊達政宗甲冑像／政宗在世時，狩野探幽畫／軍旗是太陽，頭盔是弦月，據說政宗出生時，父親輝宗大喜，定日月為伊達家象徵／仙台市博物館珍藏

附帶一提，前面提過，東北地方的計算單位和西國完全不同，金錢或俸祿均以「貫」計算，一貫相當於一石。可見直至伊達政宗這一代，東國和西國仍是風馬牛不相干。

之後十年，政宗始終為豐臣秀吉奔波勞碌。

政宗遷到新領地後，凡事都得重頭開始，不但要制定法律，還必須重組稅制和行政組織，並安撫曾經發動一揆的老百姓。政宗在新領地

尚未站穩腳跟，第二年秀吉即發動侵朝戰爭。

總結說來，兩次的侵朝戰爭反倒促使豐臣政權走向崩壞之途。更諷刺的是，擔任兩次侵朝戰爭的「軍監」依舊是石田三成。石田三成做法不公平嗎？不是。正因為石田三成過於理性，判斷是非都秉持公平心，才會引發日後的「關原合戰」。

「伊達」（date）、這個詞在現代日語中之所以成為「奇裝異服」、「風流瀟灑」、「與眾不同」的代名詞，正是政宗在第一次侵朝戰爭時，為了給西國諸大名留下一個好印象，特地召集了三千名全身打扮華麗的軍隊，一路從東北行軍至京都。

其實政宗只須負擔五百名兵力，卻東挪西湊地召集了三千名。說他逞強也好，說他不服輸也好，說他愛自我表現也好，總之，政宗確實讓西國諸大名眼睛一亮，不再鄙視政宗是個鄉巴佬大名。

東國諸領主真正為秀吉效力的時期是從第二次奧州征伐起，隨後就是侵朝戰爭。大家都率

兵迢迢聚集在名護屋待命，免不了必須過著集團生活。

這種全國大小領主齊聚一堂的例子算是空前未有，秀吉還把京都的社交界搬到名護屋來，連日舉辦能劇、茶會、連歌等文藝活動。對東北地方的大小領主來說，這些文藝活動簡直是一種精神虐待。

並非東北地方的大小領主沒有文化或缺乏教養，而是東國和西國的風土人情本就不同，何況語言也不通，遑論東國以北的東北地方。

最上義光和南部信直等東北地方名門望族都留有書信，內容很有趣。南部信直在信中說：「我們這些鄉下大名陷於宅男狀態了，不敢出門。」最上義光甚至寫道：「希望在往後的有生之年，能再度喝到一杯故鄉的水。」

政宗應該也是同樣情懷，只是不示弱也不在家書中叫苦。

在名護屋待了將近一年，政宗總算於文祿二年（一五九三）二月收到渡海出征命令。四月中旬才抵達釜山，八月便又收到歸國命令，因此政宗在釜山只待了四個月。

這四個月中，伊達家家臣死了不少人。大部分都非戰死，而是水土不服導致病歿或餓死。當時一起渡海前往釜山的淺野長政負責補給物資食糧，但伊達軍在釜山期間完全沒有收到任何食糧供應，政宗只能眼睜睜看著家臣逐一餓死。政宗在釜山期間寄出許多家信給母親義姬，信中明顯吐露濃厚的思鄉與厭戰情緒。

政宗身處異國期間，日本的西國豐臣政權內部也發生大政變。茶茶生下秀吉的兒子豐臣秀賴，秀吉為了讓秀賴繼位，剝奪了外甥豐臣秀次的關白地位，並在京都三條河原處死秀次的家眷。

這次政變牽連到眾多大名，政宗和舅父最上義光也是其中之一。政宗和秀次年齡相近，交情不錯；最上義光則在第二次奧州征伐時與秀次結下親家，女兒是秀次的側室。

秀次垮台後，政宗再度被召喚到京都接受審判。扳指算算，這是政宗的第三次危機。

秀吉本來打算命政宗退位，讓伊達家遷到四

國，並讓政宗終生流放孤島服罪。幸虧住在京都的伊達家眾家臣到處奔走逢迎，德川家康也出面調解，秀吉才命政宗留駐京都，不准回國。並命住在京都的伊達家一千名家臣負責護衛伏見城的秀賴母子，政宗這才僥倖脫險。正因為此事件，政宗直至「關原合戰」爆發的一六〇〇年，一直駐留在京都，不能回故鄉。

這時期的秀吉已經變成暴君。

一五九七年二月，秀吉再度發動侵朝戰爭。西國大名全被派到朝鮮打仗，東國大名則留在國內負責土木工程和提供龐大的戰費。

豐臣秀吉最大的敗筆應該是殺掉關白地位的秀次。畢竟秀次是關白，是在中央政權管內政的要人；「太閤」是專門負責外交的人，亦即負責征戰問題。即便茶茶生的秀賴有資格登上豐臣家繼承人寶座，卻因年齡太小，無法擠進中央政權舞台。豐臣家是私人家門，豐臣政權是中央政權，私與公完全是兩回事。秀吉忘了這點，公私混同，殺掉內政首長秀次，等於讓中央機關空洞化，無法發揮作用，成為有名無實的政權。

也因此，秀吉才設立五大老制度，用現代話形容，亦即聯邦制度。秀吉的意思是讓五大老負責內政，等秀賴成人，五大老再將政權轉交至秀賴手上。這種臨時抱佛腳的方式，連身為女人的我也看得出絕對會出亂子，何況五大老都是身經百戰、歷盡滄桑的老將。茶茶和秀賴這對溫室中的母子哪有能力應付？

五大老名單如下：

一、德川家康，從二位內大臣，關東七國大名，二百五十六萬石。

二、前田利家，從三位大納言，加賀大名，八十四萬石。

三、毛利輝元，從三位中納言，安藝大名，一百二十一萬石。

四、上杉景勝，從三位中納言，越後大名，九十二萬石。

五、宇喜多秀家，從三位中納言，備前大名，五十七萬石。

這正是秀吉臨死前的豐臣政權閣僚名單。

請大家注意看，上下順序不是按領地大小排名，而是按官名。德川家康居最高位，算是首相。秀吉為了讓上杉景勝掌握更大權力，於翌年一月將景勝調到會津，讓他一躍成為一百二十萬石大名。簡單說來，上杉景勝被調到往昔是伊達政宗統治的領地。

蒲生氏鄉此時已病歿，死因是癌症，享年四十。本來由嫡子繼承了會津，秀吉卻強硬把蒲生家扔到宇都宮，減封為十二萬石大名，再讓上杉景勝移至會津。

五大老中，只有上杉景勝和豐臣秀吉沒有姻親關係，但上杉家畢竟是名門，何況之前就是豐臣政權下的「東國代理」身分，確實最適合掌管奧羽。

至於伊達政宗呢？此時的政宗，官位是從四位少將。上杉景勝因調換領地，必須回故鄉進行大遷移，於是秀吉又命政宗代理景勝的五大老職位。換句話說，景勝不在京都的期間，由政宗代替景勝行政。意思是，政宗被塞進景勝麾下，必須聽上杉景勝的命令。

這時秀吉死期已近。

一張「百萬石大名」空頭支票

同年八月，豐臣秀吉病歿。秀賴遵照父親遺命，自伏見城遷至大坂城。德川家康忙著處理戰後事宜。負責秀賴母子安全的政宗也隨秀賴遷至大坂城。

時代潮流再度滾動起來。

慶長四年（一五九九）一月，家康安排了幾組政治聯婚。其中，家康讓政宗的長女嫁給德川家第六子松平忠輝，豐臣派家臣的福島正則、蜂須賀家政、加藤清正的嫡子都娶了家康的養女，形成規模龐大的家康政黨。

同年年底，政宗的正室愛姬總算生了個兒子忠宗，正是日後的仙台藩第二代藩主。政宗的長子秀宗則在大坂城當秀賴的近侍（人質），這是秀吉生前的命令。

上杉景勝於前一年八月回會津，之後的動向

如前所述，在此略過。總之，德川家康於一六〇〇年決定征伐上杉。

有關這次征伐，家康完全按照法治國家公議過程而定，並非小說或電視劇描述那般，獨斷獨行說征伐就征伐。豐臣秀吉正是敗在這點，家康怎麼可能步秀吉的後塵？

江戶時代以後，德川幕府大力興辦交通建設，鋪設橋梁擴張道路，讓西國和東國的交通變得比往昔方便。但一六〇〇年這時，無論到哪裡都只能徒步涉水登山，從西國至東國來回一趟非常不易，京都至江戶至少約兩星期，至會津則約三星期。因此石田三成和直江兼續締結密約，聯手欲夾擊德川家康的說法，完全是德川幕府和平時代的紙上談兵論，是德川政權下的文人創出的虛構劇情。

話說回來，同年六月中旬，政宗起程返回久違多年的故鄉。

想當年，政宗趕往小田原向豐臣秀吉負荊請罪時，是通過上杉景勝的領地才得以順利完成。這次剛好相反，政宗是「上杉征伐」軍的成員之一，必須避開上杉領地回自己的領地。按理說，政宗只能走太平洋方面的東海道。然而，政宗卻走內陸東山道，途中才轉至東海道。而征伐軍家康一行人自始就選擇東海道。

由於政宗東行的路線非常奇怪，後代的歷史推理迷便開始懷疑，伊達政宗和上杉景勝之間或許於事前已締結了密約？上杉景勝沒有追擊德川家康的理由是不是正在此？

到底是什麼密約呢？答案很簡單。

伊達政宗和最上義光的夢想是建立東北地方獨立國，上杉景勝和直江兼續、佐竹義宣的目的是奪回舊領地越後國，以及遭豐臣秀吉徹底殲滅的小田原北条氏五代原有的關東統治權。如此一想，即能說明「北關原合戰」中的一切矛盾。

總結說來，西國中央政權原本打算征伐上杉景勝。但是，代表中央政權的石田三成和同樣代表中央政權的德川家康竟鬧起內鬨。說白一點，「關原合戰」是一場西國權力鬥爭內戰，和征伐上杉的意義完全兩樣。

事實上，奧羽地方的諸大名中沒有任何人參與「關原合戰」。德川家康留下秀忠和德川家譜代大名，總計約三萬八千兵力固守東國，自己則率領豐臣譜代大名及部分德川譜代大名，總計約兩萬五千兵力返回西國對抗石田三成。

家康吩咐守在宇都宮的秀忠必須盡快遣使者和白河口的佐竹義宣講和。秀忠照辦了，不料佐竹義宣一口拒絕，並遣人送信給直江兼續，說已經和德川家康斷絕邦交。

◉ 佐竹義宣／萬固山天德寺珍藏

十年前，豐臣秀吉在東北地方播下的紛爭種籽，終於在十年後開出一朵「北關原合戰」幻花。

後人都把眼光放在西國的「關原合戰」，但對當時的德川家康來說，真正的強敵是上杉和佐竹聯盟軍。因此德川家康才會躲在江戶城內拚命寫書信，給全國大名開各種空頭支票。據說此時寄出的書信多達一百五十餘封。

家康寄給政宗的百萬石大名保證書，簽名日期是八月二十二日。內容相當具體，說只要政宗能控制住上杉軍，家康將於戰後全數奉還伊達家的舊領地。意思是，戰後將沒收上杉景勝眼下擁有的領地，再撥出伊達家的舊領地還給政宗。倘若家康於戰後信守諾言，伊達政宗便能成為百萬石大名。

上杉景勝則在八月二十五日寄出書信給真田昌幸。佐竹、真田、上杉都是站在同一條戰

◉「長谷堂合戰屏風圖」上的最上義光

線，彼此間書信往返相當頻繁。這封信提到：「內府（德川家康）已自小山返回江戶，按理說，我應該立即進攻關東。但最上義光和伊達政宗的行動有點怪，似乎打算作壁上觀。待我先安撫背後（的兩人），之後再專心進攻關東。假如立即攻進關東，最上和伊達在背後蜂起的話，這場仗會打得很難看。倘若內府決定上洛，我會和佐竹義宣商討何時攻入關東，我們這邊已經豁出一切，凡事都準備得很妥當，請您放心。」

這封信明顯說明，伊達政宗和最上義光起初「應該」和上杉聯手，卻在中途變卦，導致上杉景勝無法在德川家康返回江戶後，立即率兵進攻關東。那麼，政宗為何中途變卦呢？導火線應該正是家康於江戶城開出的「百萬石大名」空頭支票。

伊達政宗和最上義光表面上是征伐上杉軍的成員之一，實際上已經和上杉景勝締結密約，打算聯手，因此伊達軍自大坂城東行的路線才會和征伐軍不同。

換句話說，上杉景勝當初的構想是上杉、最上、伊達、佐竹、真田聯盟。對德川家康來說，這個北國聯盟軍比西國的石田三成更大、更危險。萬一上杉景勝攻進關東，德川家康又敗在「關原合戰」，到時候真會走投無路。

◉ 聳立在仙台城址上的伊達政宗雕像，眺望他最後的領國／陳錦輝攝

只是，最上義光背叛了上杉景勝，伊達政宗則決定作壁上觀。上杉景勝於九月十三日回頭攻打背後的最上義光，德川家康則在九月十五日和石田三成進行「關原合戰」。

奧羽這邊，不要說上杉景勝和直江兼續了，連最上義光、伊達政宗都不知道西國已經爆發「關原合戰」，而且一天就決勝負。當天最上義光正躲在山形城籠城，還派出嫡子向守在北目城的伊達政宗求救。

九月末，「關原合戰」的結果才傳到奧羽。當時從西國傳消息至奧羽，即便能力超強的忍者，最快也得花兩星期。九月十五日發生的事於九月末傳至奧羽，就速度來說，算是超級快遞。

上杉景勝收到消息後，立即撤兵。若非前田慶次郎負責殿後，恐怕很難安全返回。上杉軍撤退後，伊達政宗也收到家康的來信，得知家康在西國戰勝，這才開始行動。只是，伊達政宗似乎鬥志盡失，之後的仗彷彿都是打給家康看，做做表面文章而已。

西國的「關原合戰」只花一天就決勝負，「北關原合戰」卻打到十二月中旬才結束。翌年七月，上杉景勝才正式向家康降服。

上杉景勝降服後，家康才進行「上杉征伐」的論功行賞。這時，「關原合戰」的論功行賞早已結束，可見家康完全把「關原合戰」和「北關原合戰」視為兩回事。

結果，上杉景勝從陸奧會津一百二十萬石大名減封為米澤三十萬石。最上義光自出羽二十四萬石增封為五十七萬石。伊達政宗則自大崎五十八萬石增封為仙台六十萬五千石大名。

由上述數字可以看出德川家康非常不滿伊達政宗在奧羽的戰績。畢竟積極背叛上杉景勝的人是最上義光，伊達政宗只是敷衍一下，才會失去百萬石的支票。

德川家康似乎把伊達政宗列為危險人物之一，在江戶給政宗建造宅邸，命政宗每隔一年分別住在京都和江戶，不准回故鄉。此舉是不是和豐臣秀吉非常類似？可以說完全模仿秀吉的做法。

德川家康於一六〇三年二月就任征夷大將軍，同時在江戶開設幕府。

伊達政宗在江戶幕府時代也留下眾多軼聞，這些軼聞留待往後有機會時再細說吧。

第七話

誓死不二的悲劇智將

石田三成

いしだ　みつなり　Ishida Mitsunari

為豐臣家拋頭顱的忠臣

◉ 石田三成／青森縣杉山丕氏收藏

秀吉扮陽光，三成飾陰影

石田三成生於近江國（滋賀縣）坂田郡石田（長濱市石田町），幼名佐吉。據說父親是當地豪族。既然是當地豪族，按當時的風潮，把次子佐吉送進鄰村寺院進修也是理所當然。

豐臣秀吉三十八歲時成為長濱城城主。某日，秀吉外出鷹獵，覺得口渴，到附近寺院討

◉ 石田三成／龍潭寺珍藏

茶喝。

端茶來的是一個寺院童子。童子起初端來一大碗涼茶，秀吉一口飲盡，再向童子要第二碗茶。童子端來半碗比剛才稍熱的溫茶，秀吉放慢速度飲茶。這時秀吉已經察覺第一碗茶和第二碗茶的差異，內心覺得這童子年紀雖小，心思卻很細膩，於是又向童子要第三碗茶。

童子端來的第三碗茶是個小茶碗，盛的是熱茶。童子的機敏和體貼令秀吉大喜，當下和寺院住持商洽，取得父母同意後，讓童子成為近侍。

此童子正是日後的石田三成。上述內容是著名的「三獻茶」典故。

不過，「三獻茶」故事出自江戶時代讀物，一級史料中沒有此記載。況且在典故中，豐臣秀吉和石田三成的年齡不合，應該是後人創作的虛構故事。根據石田三成嫡子留下的記錄，三成是十八歲時在姬路城出仕於豐臣秀吉。如此看來，「三獻茶」故事更非屬實。

儘管此故事並非事實，卻也說明石田三成自

幼即很聰明，思維敏捷細膩，做事不會出漏洞，甚至連秀吉於日後也讚歎：

「這世上才器與吾同等者，唯三成是也。」

兩個具有同等才智的人，其一扮演陽光角色，另一扮演陰影角色，形影不離地一口氣登上天下人寶座。

然而，當陽光消失時，陰影到底該何去何從？

天下要衝近江國

先來說明石田三成的故鄉，亦是石田三成的領國近江國的地理位置。

日本平安時代的律令制行政區分是「五畿七道」，總計六十八國。

「五畿」是京都附近的山城國（京都府）、大和國（奈良縣）、攝津國（大阪府及兵庫縣一部分）、河內國（大阪府）、和泉國（大阪府），通稱「畿內」；其他六十三國均屬「七道」。

「七道」便是現代人說的地方城市，以京都為起點，有七條主要街道往四面八方分散。從西方看起，依次是西海道、南海道、山陽道、山陰道、北陸道、東山道、東海道。

現代日本鐵路或高速公路均順著古道路線而建，所以這七條街道仍有古道遺跡可讓旅客尋幽訪勝，連地名也都保留著，例如「東海道新幹線」、「山陽新幹線」、高速公路「北陸自動車道」等。其他如「東海地震」、「南海地震」等名稱均由此而來。明治維新後，政府另設置第八個「道」，正是今日的北海道。

近江國緊鄰京都，是東山道第一個分國。路線大致是京都→大津→琵琶湖東岸（湖東），之後在米原附近右轉，可以和美濃國（岐阜縣）連接，再通過信濃國（長野縣）前往東國（關東地方）。

若在米原附近直接往北前進，則能在越前國（福井縣）和北國的北陸道連結。

當時的日本物資流通中心是日本海航路，北陸道諸國（出羽、越後）的物資都經由日本海沿岸的天然良港運至越前、敦賀（福井縣敦賀市）卸貨，再通過北國街道、琵琶湖縱貫航線，最後運到京都。至於太平洋這邊，因航海技術尚未成熟，沿海也沒有天然良港，幾乎不起任何作用。

從京都順著琵琶湖西岸（湖西）路經高島市，可以連結若狹國（福井縣），這條街道稱為「若狹街道」。

總之，近江國是連結東國（東山道）和北國（北陸道）的交通要衝。石田三成和德川家康的「關原合戰」戰場關原，正是東山道要地，從關原另有一條街道可以通往北國的北陸道。

能否登上天下人寶座的首要條件，不在領國大小，也不在會不會打仗，完全看你是否具有俯瞰眼光、能否搶下交通要衝和物流要地而定。這也是德川家康為何非置石田三成於死地不可的主因。

豐臣秀吉當權時，首次進行「檢地」政策，實際把握了日本全國各地的產值。後來德川幕府也承繼此政策，樹立了江戶時代的大名石高體制。

秀吉進行「檢地」時，石田三成是檢地奉行之一。

「奉行」即行政部門官僚最高位，相當於現代的「部長」。當時檢地結果，近江國的實際產量是七十八萬石。倘若不要算廣大的陸奧地方，近江國算是全日本最豐沃的地區，產值最高。

近鄰諸國的石高大國依次如下：尾張（愛知縣）五十七萬石，伊勢（三重縣）五十七萬石，美濃（岐阜縣）五十四萬石，越前（福井縣）五十萬石。

近江國有十二郡，大致可以分為江南、江北、湖西三個地區。石田三成生於江北的坂田郡（長濱市）石田，日後的居城佐和山城（彥根市）也在坂田郡。

鎌倉幕府以來，近江國守護代代都是追隨源賴朝創立幕府的功臣佐佐木氏，這一族人分散在近江國各地。佐佐木氏的主流宗人是六角氏，有力後代是京極氏。「六角」、「京極」

◉ 淺井長政／逝世十六年後畫／高野山持明院珍藏

均是京都地名。

六角氏控制江南，京極氏統治江北。湖西高島郡則是獨立地區。

之後，六角氏和京極氏均飛騰為戰國大名。後來，六角氏遭織田信長殲滅；京極氏則因發生家督繼位爭權問題，讓本來只是地方官的淺井家逐漸擴大勢力。織田信長的妹妹阿市的第一任丈夫，正是淺井家擴大勢力以後第三代家督的淺井長政。阿市的次女阿初的丈夫則是上述的京極氏後代京極高次。

淺井家是名副其實的下剋上戰國大名，連續三代統治近江國江北五郡。

當初織田信長率軍遠征越前朝倉氏時，因妹婿淺井長政背叛，六角氏又在江南舉兵打算收復領土，交通被遮斷，織田軍四面受敵。若非松永久秀（松永彈正，與北条早雲、齋藤道三並稱日本三大梟雄）拚命說服湖西若狹街道的高島郡領主朽木元綱，確保了退路，織田信長肯定插翅難逃。據說這時僅有十騎扈從跟隨信長順著若狹街道逃回京都。

織田信長於日後殲滅淺井長政，讓豐臣秀吉接管淺井氏的舊領地。淺井長政的舊居城是山城，豐臣秀吉嫌不方便，才在琵琶湖畔修建了長濱城。

秀吉登上長濱城城主地位時，石田三成約十四、五歲。戰國時代的孩子最晚也會在虛歲十五便元服，算是男子漢大丈夫，可以出征了。

當時的武將通常需要多數同族人的輔助才能穩固地位。豐臣秀吉成為十二萬石長濱領主後，身分是一國之主，凡事都必須自己酌量定奪。但此時的秀吉身邊缺乏人才，只有弟弟和從小撫養長大的加藤清正、福島正則等武將，沒有一般庶務或文官、軍師之類的官僚。豐臣秀吉只能在當地積極招募行政、軍略人才。

另一點，日本戰國時代人口不多，成人男子數量更少。各地戰國大名都會盡量避免正面交鋒，免得成人男子死光光。沒人種田的話，領主就收不到田賦。

在豐臣政權時代躍升為大名的武將，總計有二一四名，其中近江國出身的佔二十名。晚期的豐臣政權五奉行中，有三個是近江國人。

前面提過的近江國江北前任統治者京極氏，領地遭淺井氏奪走後，曾有一段時期在京都足利將軍家做事。後來因京極家女兒成為秀吉的側室，京極高次不但娶了阿市的次女阿初，還翻身成為近江國大津七萬四千石大名，弟弟京極高知則成為信濃國伊奈十萬石大名。

其他大名大多是淺井氏的家臣，不過在豐臣政權底下並沒有形成「近江派系」。按當時的觀念，淺井氏只是盟主，舊守護京極氏才是他們真正崇拜的偶像。當時的人很注重「門第」，而「名門世族」可不是兩三代就能形成。

四百年後還他本來面目

石田三成出生時，正是織田信長在桶狹間擊倒今川義元那年，也是德川家康脫離今川家人質生活的一五六〇年。此時，淺井長政新興勢力剛抬頭。

近江國江北坂田郡位於琵琶湖東北方，附近有注入琵琶湖的姉川，形成小平原。

石田三成的父親是否真為當地豪族，完全沒有記錄可查。既然父親身世來歷不明，表示石田家很可能不是「名門世族」。日後，石田三成在京都妙心寺為父親建立壽聖院時，記載「先祖是為久，第八代是為成」。「為成」是石田三成的父親舊名，後來改名「正繼」。

石田為久在日本歷史上並非著名人物，只知是鎌倉幕府創業功臣三浦氏族人，因住在相模國（神奈川縣）大住郡石田，取地名為姓。

他在《源平盛衰記》中被描述為擊斃木曾義仲（源義仲，與源賴朝敵對的堂兄弟）的英雄武士。石田三成生前很喜歡閱讀《源平盛衰記》，這應該是石田家唯一能代代口傳的先祖英雄偉績故事。至於到底是不是事實，因為木曾義仲死於一一八四年，石田三成生於一五六〇年，之間相隔三百七十多年的時空距離，完全無法查證。

石田三成的「大一大萬大吉」家紋旗幟，正是石田為久的標誌。後世小說家或劇本家都將「大一大萬大吉」解釋為「一人為萬眾盡心，萬眾為一人盡心，則天下太平也」。

但這種解釋應該是現代人的看法。事實很可能是石田三成爬上高位後，為了向四周人證明自己也是「英雄」後裔，才特地用了石田為久的旗幟。

豐臣秀吉也是為了證明自己出身不凡，用了種種手段購買自己的「身分」，還命人到處流傳他是皇家私生子的謠言，可見當時的人確實非常注重血脈「門第」。

「姉川之戰」發生於一五七〇年，淺井長政則死於一五七三年。這期間，豐臣秀吉奉命留守近江國橫山城。剛好是石田三成十一至十四歲那時期。

一五七三年，織田信長四十歲，豐臣秀吉三十八歲，武田信玄病歿，室町幕府滅亡。十四、五歲的石田三成還未登上歷史舞台。

長濱城竣工時，石田三成約十六、七歲。換句話說，長濱城竣工時，石田三成已非「三獻茶」典故中的童子；而豐臣秀吉留守橫山城時，身分並非城主，不可能有餘裕「外出鷹獵」。由此亦可判斷「三獻茶」典故是後世文人創出的虛構故事。

石田三成於二十四歲首次登上歷史舞台，四十一歲時被處死。他的前半生是個謎團，人生輝煌時期也僅有十七年，卻因為和德川家康對抗，最後青史留名。只是，直至明治時代，他

◉木曾義仲（源義仲）／歌川豐國

始終被人描述為奸臣、惡人。

一九〇七年，東京帝國大學史料編纂所為撰寫石田三成的傳記，挖掘了石田三成的墳墓，並委託京都帝國大學解剖學教授鑑定遺骨，拍下頭蓋骨照片。一九七六年，石田家後裔又委託東京科學警察研究所複製了石田三成的頭部石膏像公諸於世，世人才明白至今為止的石田三成肖像畫並非他本人，而是德川幕府故意捏造的形象。之後才逐漸有史家為石田三成平反。

最近則無論電視節目或書籍，均在為石田三成說好話，更正世人過去對他懷有的「奸臣」印象。

之前我曾說過「歷史是勝者的狡辯」，看來確實如此。如今我又要加一句：「歷史是後世言論家的競技場。」

「言論」是個人主觀之意。

史書確實是勝者的舞台，但後人也能超越時空不停在舞台下為敗者寫史。舞台上的歷史是御用劇本家寫成的劇本，無法更動；舞台下的歷史則是自由競技場，每個人都可以參加競技，就看你的言論能不能打動人心而已。

當朝的勝者，不一定能成為歷史的勝者；歷史的敗者，也不一定會遺臭萬年。

十八歲的石田三成為何在姬路城成為豐臣秀吉的家臣，這點無從查證。

織田信長一五八二年死於「本能寺之變」，這時，織田軍團還未征服西海道（九州）。其他六道的鎮守大將依次如下：

- 山陰道方面：明智光秀，敵方是毛利氏。
- 山陽道方面：豐臣秀吉，敵方是毛利氏。
- 南海道方面：丹羽長秀、神戶信孝（信長三子），敵方是四國的長宗我部氏。
- 北陸道方面：柴田勝家，敵方是上杉氏。
- 東山道方面：織田信忠（信長嫡子），敵方是武田氏。
- 東海道方面：北畠信雄（信長次子），三河國以東另有同盟德川家康。

◉ 豐臣秀吉／高台寺珍藏

織田信長建築的安土城位於東山道第一站的近江國，連結京都和岐阜城。換個說法，東山道對織田信長來說是生命線，亦是侵攻東國的幹線，信長才讓嫡子信忠擔任鎮守大將。織田只要把根據地設在近江國，即能信手指揮西國和東國的攻占軍。

一五八二年，信長命東山道的織田信忠侵攻武田氏，東海道的德川家康也加入，武田氏於三月滅亡。

同一時期，北陸道的柴田勝家也率兵侵攻上杉氏的分國越中（富山縣），且逼近越後（新潟縣），令上杉景勝走投無路。不料，武田氏滅亡後三個月，即發生「本能寺之變」。此時，二十三歲的石田三成還未登上歷史舞台。

明智光秀控制了京都後，隨即趕往近江國，占領安土城，同時接收豐臣秀吉的長濱城。此時在山陽道負責攻打備中高松城的豐臣秀吉，當下和毛利氏講和，匆忙趕回畿內。途中和負責遠征四國的大坂南海道軍匯合，最後在「山崎之戰」擊敗明智光秀。致勝主因是速度。

半年後的翌年一月，豐臣秀吉發出「山崎之戰」的戰功獎狀，署名人是「石田佐吉三也」，正是二十四歲的石田三成。

在這之前，無人知曉石田三成到底在何處做了些什麼事。不過，既然豐臣秀吉發出的論功行賞狀署名人是石田三成，後人大致可以推測出，石田三成應該早就跟隨豐臣秀吉在山陽道奔波賣命，而且很能幹，否則腦筋滴溜溜轉的豐臣秀吉不可能提拔他為外交官兼秘書官。

豐臣政權的得力文官

兩年後的一五八五年，豐臣秀吉以驚人的速度擴大領土，分國超過三十，將近半個日本。以下是秀吉當時的勢力範圍：

- 五畿：山城、大和、河內、和泉、攝津。
- 東山道：近江、美濃、飛驒。
- 東海道：伊賀、伊勢、志摩、尾張。
- 北陸道：若狹、越前、加賀、能登、越中。
- 山陰道：丹波、丹後、但馬、因幡。
- 山陽道：播磨、美作、備前、備中。
- 南海道：紀伊、淡路、阿波、讚岐、伊予、土佐。

剩下的是九州的島津氏、關東的北条氏、奧羽諸大名。

豐臣秀吉不是歷史悠久的名門望族出身，因此沒有直屬的地方豪族軍隊，他只能重用自家人。京都和大坂是秀吉的直轄地，四方全讓羽柴一族團團圍住。第二派是織田信長舊家臣軍團，第三派正是當地任用的新人。

同年七月，豐臣秀吉就任從一位關白。

日本自十二世紀樹立武家政權鎌倉幕府以後，朝廷便失去行政統治權。鎌倉幕府滅亡後，新樹立的武家政權是室町幕府，之後才是德川家康的江戶幕府。但是，朝廷始終存在。幕府和政權可以改朝換代，天皇絕對不能換。現代也一樣，首相可以一天換一個，天皇始終是天皇，獨一無二。

如此一來，便形成朝廷有朝廷的官階，政權幕府另有武家官階的雙重構造。朝廷和幕府都極為重視「家格」，亦即世襲制氏族門第。但到了戰國時代，以家格為主的身分制度崩潰，戰國大名取代了舊有的守護大名，眾多戰國大名才會向朝廷捐款買官位。

例如德川家康的「三河守」、羽柴秀吉的

「筑前守」等官位，均是向朝廷買來的。論武家官位，豐臣秀吉的地位非常低，根本不能列為武家人，甚至比織田信長次子的地位更低。

織田信長死因一直成為懸案，正是朝廷提出三種最高官位「太政大臣」、「關白」、「將軍」任信長選擇，結果信長全一口拒絕。翌年六月，信長喪生於「本能寺之變」。後人才會懷疑信長當初踢掉朝廷雙手奉上的官位，真正目的可能不是天下一統，而是更高的理想。

總之，豐臣秀吉用盡心思讓朝廷官位和武家官位混為一體。如果讀者曾看過日本的歷史電視劇，應該也曾看過明明是武家人，碰上正式場合時，都要換穿朝廷官服的場景吧？這正是豐臣秀吉為了克服傳統身分制度的束縛，進行改革的結果。

一五八六年，秀吉又就任太政大臣，拜賜了「豐臣」姓。日本天皇沒有姓，因為天皇本身是賜姓的貴人，沒有姓是天經地義。天皇賜給秀吉的「豐臣」姓，和日本貴族舊有的「源、平、藤、橘」本姓一樣，是氏族，而非表示秀吉的「羽柴」姓變成「豐臣」，秀吉仍姓羽柴。

石田三成呢？本為無官無位的平民百姓，在秀吉就任關白後，立即擢升為從五位下治部少輔官位。在同一時期擢升為殿上人的秀吉家臣當然不僅石田三成一人，其他另有十二名。此時，石田三成二十六歲。

豐臣政權在樹立藩國制度之前就倒台，因此沒有史料可證明此時的石田三成有沒有領地。只是，後世文人謳歌「石田三成手上有兩件至寶，一是島左近，一是佐和山城」，還傳說石

◉「品」與「位」

日本的「從一位」官階並非古代中國的「從一品」。日本的「品」只限皇族，天皇和皇太子除外，其他親王或內親王均按一品至四品論資排輩。「一品親王」表示該人在皇族中地位最大，朝廷公卿的官階均是「從一位」、「正一位」等，明治時代以後廢止。

田三成以一半俸祿的兩萬石聘請島左近當家臣。倘若此事屬實，那麼石田三成這時的俸祿應該是四萬石。不過，其實沒有人知道島左近到底於何時成為石田三成的家臣。

一五八六年，豐臣政權開始進行中央集權制。五月，秀吉逼妹妹離婚改嫁德川家康。六月，上杉景勝上洛。九月，德川家康上洛。十二月，秀吉發令討伐島津氏，就任太政大臣。這時代，「上洛」的意義等於「臣服」。德川家康最倒楣，除了上洛表示臣服，還被逼成為秀吉的妹婿。

◉ 太平記英勇傳／島左近／落合芳幾

在此，有一點很有趣。上杉景勝於上洛前寫了一封信給越後的某有力地方領主，內容大意是「筑州逐日讓天下趨於靜謐和平，諸國大名紛紛上洛施禮。我也打算上洛。」

信中的「筑州」是「羽柴筑前守」之意。可是，豐臣秀吉已經就任太政大臣，理應不能稱呼他為「筑州」才對。由此也可證明，東國或奧羽的大名雖然表面看似「臣服」於豐臣政權，實際上很可能只是把西國的豐臣政權當做鄰邦。何況上杉景勝是武家官位的關東管領上杉家繼承人，景勝本人雖沒有就任管領地位，但他擁有潛在性的關東地方統治權。

幾百年來的地方傳統思想觀念，不可能因秀吉在京都進行朝廷官位改革，就一夜之間天翻地覆。上杉景勝此時仍在北關東和北条氏對戰呢。

總之，上杉景勝和直江兼續於五月自越後春日山城出發，順著北陸道西行。抵達加賀金澤城時，石田三成竟然和城主前田利家一起迎客。原來石田三成特地從大坂趕到加賀迎接上杉景勝一行人。當然這應該是秀吉的懷柔政策。石田三成負責帶路，一行人於六月上旬抵達京都。六月中旬，上杉景勝進大坂城和豐臣秀吉會談。

會談後，秀吉命景勝征伐佐渡。雖然後人無法得知景勝和秀吉的會談內容，不過景勝在會談後，首次就任朝廷的從四位左近衛權少將官位，翌年又升任從三位參議，之後再升任從三位中納言。直江兼續也得了個從五位下山城守官位。

同年八月，秀吉任命上杉景勝擔當「東國代理」。

東國和西國之間距離太遠，人情風俗、思想觀念都不同，儘管豐臣秀吉在京都設置豐臣政權官位制度，無奈此制度無法滲透至東國，東國人的觀念仍停留在室町幕府時代的武家政權身分制度。秀吉只能仰賴上杉景勝代管東國。

德川家康於九月上洛，秀吉又命家康擔任「東國代理」。

秀吉的意思是讓上杉景勝管理奧羽和北關東，專門應付佐竹氏、伊達氏、蘆名氏。德川家康則負責對付北条氏。

成為佐和山城城主

豐臣秀吉殲滅北条氏後，繼而進行「奧州征伐」。

一五九一年，五十六歲的秀吉終於達成東西一統目標。不過，秀吉在這一年也連續失去兩個骨肉。一是弟弟秀長，另一是親生子鶴松。

秀吉本來就沒有什麼親屬，最信任的弟弟於一月病歿後，他立即在二月提拔外甥秀次升任大納言，十二月又讓秀次升階內大臣，年底晉升為關白。

至於石田三成到底於何時成為佐和山城城主，這點不大清楚。一般說法是，豐臣秀吉於一五九五年處死外甥秀次，之後封給石田三成近江國江北三郡十九萬四千石領地。這點可以在奈良興福寺僧侶英俊留下的《多聞院日記》史料中得到證實。

只是，《多聞院日記》在一五九二年四月記載，「北庵法印（英俊的熟人，醫生）的女兒，島左近的妻子，目前住在佐和山城」。秀吉於一五九〇年征伐北条氏時，島左近確實隨同石田三成前往小田原。他的妻子於一五九二年就住進佐和山城的話，表示石田三成此時已經是佐和山城城主，正是「第二次奧州征伐」後第二年。

或許在征伐北条氏後，石田三成便已經成為城主。畢竟秀吉在戰後重新分配領土時，很多

◉ 佐和山城：石田三成的居城／石田家珍藏

人都移封了。

島左近這人和石田三成一樣，前半生是個謎團。《多聞院日記》於一五九〇年五月記載：「左近出征，不在家。北庵法印預計前往龜山探看女兒。」

「龜山」是伊勢國龜山，三重縣北部的龜山市。由此可推測，島左近這時跟隨石田三成遠征小田原，但尚未住進佐和山城。他可能是在一五八五年至一五九〇年期間成為石田三成的家臣。

豐臣秀吉發動侵朝戰爭時，石田三成、大谷吉繼等十數人奉命擔任「船奉行」。

「奉行」這名稱聽起來很中聽，好像官位很大，其實工作內容非常繁瑣，必須負責所有軍糧、武器等物資供應。況且規模不是幾十或幾百人，而是幾十萬人。籌措船舶、收購物資、蒐集氣候資訊、安排渡海順序、登陸後卸貨問題、卸貨後返航……其中不僅軍船，還包括商船。

後代日本男性史家提到「戰國時代」時，總愛在武將身上繞圈子。誰最武勇？誰最適合當天下人？誰才是天才軍師？宛如武將都不需要吃喝拉撒睡似的。日常生活中最重要的不正是這些嗎？即便在戰場，也要吃喝拉撒睡。

史書描述的動員兵力幾千或幾萬，都只是表面數字而已。只要加點想像力，便能明白實際赴戰場的人數比史書記載的數字更多，物資、武器、輸送等都需要非戰鬥人員負責。我在查史料時，經常碰到不同史料記載的同一場戰爭的動員兵力數字完全不同的例子。我想，原因可能正在此。

侵朝遠征主力軍是西海道、南海道、山陽道、山陰道的西國大名，東國和北國的諸大名由於剛完成兩次「奧州征伐」任務，全聚集在名護屋待命。

一五九三年八月，秀吉渴望許久的兒子秀賴終於呱呱墜地。豐臣秀吉這個人，不知為何，親族很少，而且大半都比秀吉早逝。以下是豐臣一族人的生歿年表。

- 豐臣秀長：一五四〇——一五九一年，秀吉的弟弟，大和大納言，病歿，享年五十二。
- 豐臣鶴松：一五八九——一五九一年，秀吉的兒子，母親是淀殿（茶茶），病歿，得年三歲。
- 豐臣秀勝：一五六九——一五九二年，秀吉的外甥，關白，岐阜宰相，朝鮮出征時病歿，得年二十四。妻子是淀殿的妹妹阿江。
- 豐臣秀保：一五七九——一五九四年，秀吉的外甥，秀長的養子，大和中納言，意外死亡，得年十六。
- 豐臣秀次：一五六八——一五九五年，秀吉的外甥，關白，奉秀吉之命切腹自殺，得年二十八。
- 豐臣秀吉：一五三六——一五九八年，病歿，享壽六十二。
- 小早川秀秋：一五八二——一六〇二年，秀吉正室北政所的侄子，金吾中納言，「關原合戰」後病歿，得年二十一。
- 豐臣秀賴：一五九三——一六一五年，秀吉的兒子，母親是淀殿，於「大坂夏之陣」自殺，得年二十三。

從年表看來，秀賴出生時，秀吉的親族只剩秀保、秀次這兩個外甥以及妻子的侄子小早川秀秋。秀賴出生後，秀保於第二年意外死亡，秀次也在第三年被處死。

秀保的死因很可疑。根據史料，秀保因患天花前往十津川療養，某天外出遊覽，侍童突然抱住秀保一起自高處跳下，同時喪生。而秀次則死於莫須有的罪名。

我們先來分析秀次的事件。

◉ 豐太閤圖／下村觀山

◉ 淺野幸長／淺野家珍藏

秀賴出生之前，秀次已坐上關白寶座，而且在豐臣秀吉的親族中，只有秀次是成年男子。在第三者眼裡看來，秀吉已經老了，繼位者絕對是秀次，眾大名自然想巴結這位未來的掌權人。

當時圍著秀次跑前跑後的大名包括池田輝政（秀次正室的哥哥）、淺野幸長（淺野長政的長子）、最上義光（女兒是秀次的側室）、細川忠興（女兒是秀次重臣的妻子）、伊達政宗等。最上義光和伊達政宗是奧羽大名，因得罪了秀吉而飽受冷落，只能趨附未來的繼位者求取生路。

秀賴出生時，秀吉剛好和朝鮮休戰，於是開始干涉內政。掌管內政的關白和掌管軍事的太閤同時管起內政時，當然會起衝突。最初兩年看似平安無事，到了第三年，雙重政權的矛盾便表面化了。

「秀次事件」和蒲生氏鄉有關，在此先說明蒲生氏鄉的問題。

蒲生氏鄉於一五九五年農曆二月死於癌症，嫡子僅十三歲。戰國時代的年幼領主例子多得很，只要身邊有可靠家臣，十三歲足以掌管領地。然而，秀吉卻判斷蒲生家無法繼續統治奧州，決定沒收蒲生家九十二萬石會津領地，減封至近江國二萬石的某處領地。

這本來是內政問題，不是太閤秀吉可以插嘴的事。壞就壞在當時的秀吉剛好沒事可做，又逢老年得子的大喜事。

其他大名都很同情蒲生家，卻不敢言，遂拜託德川家康和前田利家出面向真正掌管內政的關白秀次求情。秀次批准讓十三歲的蒲生秀行繼位，由淺野長政輔佐國政，秀行另迎娶德川家康的女兒。

◉ 豐臣秀次／瑞泉寺珍藏

這表示什麼？表示關白否定了太閤的裁定，太閤秀吉養虎自齧。

站在掌管內政的關白立場，秀次的判決完全無誤，可以說很公平。但站在太閤秀吉的立場呢？等於被自家狗咬傷，不但面子掛不住，恐怕更因為是自家人而恨之切骨。

「秀次事件」撲朔迷離

秀次雖然託舅舅之福而登上關白寶座，但他和秀吉不同，從小就接受良好教育，並非無能之輩。秀次在執政期間於文化方面做了許多貢獻，是一流文化人。無奈，秀次是秀吉的外甥，關白地位也是秀吉封的。他不應該在秀賴出生後否定秀吉的裁定，即便想否定，也要顧及秀吉的面子。

同年七月初，秀吉給秀次冠上「謀反」罪名，派使者前往秀次的行政機關兼居城的聚樂第盤問。秀次極力辯解並聽從使者的要求，提交了長達七張的宣誓書。但事情並沒有因此而

◉ 秀次妻妾遭處刑之一／瑞泉寺珍藏

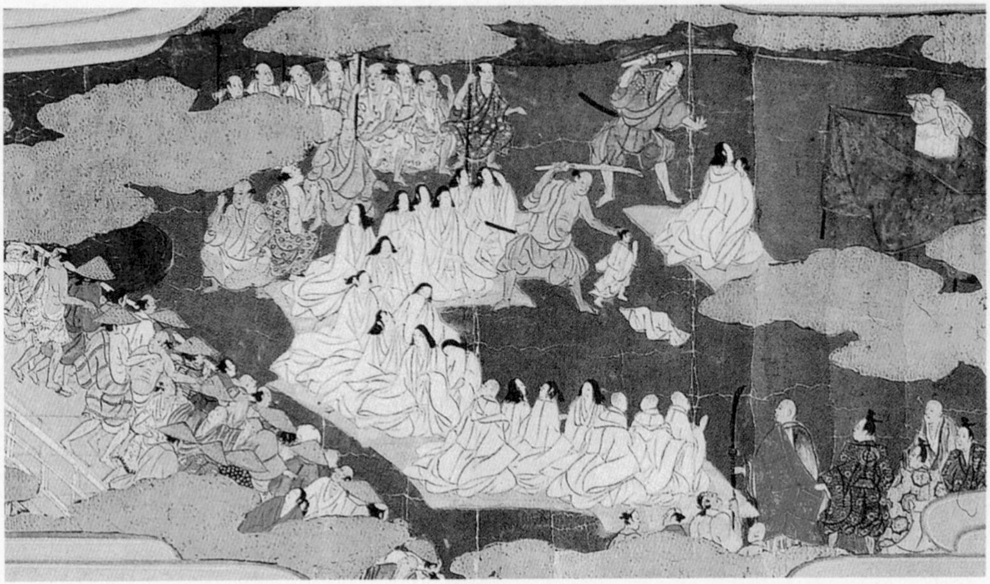

◉ 秀次妻妾遭處刑之二／瑞泉寺珍藏

熄火。五天後，秀吉再度派人命秀次親自前來伏見城辯解。

秀次抵達伏見城時，秀吉故意不接見秀吉，同時命秀次蟄居高野山。蟄居高野山的意思是可以饒你一命，但你必須退出政治舞台，也必須遠離世間。此命令表示秀吉還未打算趕盡殺絕，只是剝奪秀次的關白地位，並沒收秀次的所有領地而已。

按照秀吉過去的做法，除了小田原北条氏，通常不會把事情鬧到絕人之路的地步。何況秀次是親生兒子秀賴的未來靠山。然而，一星期後，秀吉即命秀次在高野山切腹自殺。

秀吉為何在一星期中突然改變心意呢？而且事情進行得很快，做法殘酷，秀次的妻妾子女全數處死，許多秀次的近臣被迫切腹自殺。其他與秀次無姻親關係的家臣全遭罷黜，與秀次有交情的文人甚或醫生都受到蟄居或流放的處置。看來這時的秀吉已失去理智，近乎瘋狂。

城門既然失火，那些池魚大名自然會受到牽累。

遭受池魚之殃的大名是奧羽伊達政宗、最上義光以及淺野長政的嫡子淺野幸長。淺野長政是豐臣秀吉的近臣，地位職務與石田三成類似，領地是甲斐，和德川家康是鄰邦。

兒子遭流放，父親理應連坐。後來經德川家康和前田利家從中說情，淺野長政才逃過一關；不久後，兒子也復職。

在此先說明淺野長政與石田三成的職務。這兩人均是豐臣政權的重臣，負責傳達信息的中間人，算是戰國時代的外交官，權力很大，可以在秀吉發出的文件上署名。淺野長政掌管東國，石田三成負責上杉氏、島津氏、佐竹氏、毛利氏。就交情關係來說，長政和德川家康是熟人，三成和德川家康則沒什麼接點。

豐臣政權是獨裁體制，這些傳達文官夾在中

◉ 淺野長政／淺野家珍藏

間負責與其他戰國大名聯繫，檯面下免不了會囤積許多剪不斷、理還亂的國仇家恨。

舉個最典型的例子，伊達政宗因「小田原遲到事件」，終生都對淺野長政懷恨在心，兩家世世代代成為仇敵，直至現代的一九九四年才和解。這期間有多少年？將近四百年。真是難以想像。即便同樣是日本人，庶民出身的第三者恐怕也很難理解這類名門家仇積怨。

有關「秀次事件」的另一種說法是「石田三成故意讒言」，此說法不正確。石田三成雖是豐臣秀吉的近臣，但個性剛直，應該不會隨便亂說話。

江戶時代屢被列為禁書的豐臣秀吉傳記《甫庵太閣記》，描述石田三成「向豐臣秀吉諫諍時，絕不會看秀吉的臉色而討好賣乖」，這正是秀吉重用石田三成的原因之一。有趣的是，《甫庵太閣記》描述淺野長政「因是秀吉的姻親，故具有參與評定內外政務的資格」。

至於描述「秀次是殺生關白」的第一部書籍是時代更早的《太閣軍記》，作者是織田信長傳記《信長公記》的太田牛一（一五二七—一六一三）。

太田牛一過世後約十多年，小瀨甫庵（一五六四—一六四〇）才出版評論傳記《太閣記》，其中描述秀次事蹟的篇章正是沿用《太閣軍記》內的記述。

就史料價值來看，《信長公記》雖是勝者的紀錄，仍可以說是一級史料，但《太閣軍記》則可能奉豐臣家之命而寫；江戶初期的《太閣記》完全是小說，但也並非純屬虛構創作，書中某些描述畢竟具有史料價值。

◉《太閣記》

太田牛一原為織田信長的直屬家臣，「本能寺之變」後才成為豐臣家家臣。他在書寫《太閤軍記》時，豐臣家尚未滅亡，當時的上一代戰國武將都相信六十多歲的德川家康應該活不了多久，豐臣秀賴將取代德川家康的地位。也因此，太田牛一撰寫《太閤軍記》時，為了強調秀吉處置秀次的正當性，只能把秀次描述為惡人。不料德川家康竟活到七十四歲，並在過世前一年殲滅了豐臣家。

倘若秀吉沒有處死秀次，以秀次生前的行為判斷，應該會在秀吉死後盡全力保護秀賴，並阻止德川家康篡奪政權。即便秀次鬥不過家康，至少也能保住豐臣家門。

秀吉的死因至今仍不明不白。日本歷史作家司馬遼太郎推測，秀吉很可能在統一天下後即患上輕度偏執狂精神病。發生「秀次事件」時，或許秀吉的病症已不知不覺中加深，失去客觀判斷的能力。否則，萬一秀賴早夭，唯一能繼承豐臣家的男子只剩秀次一人。假如秀吉能理智思考，應該不會做到滅門絕戶的地步。

我個人認為「秀次事件」的幕後理由應該更複雜。事件後，在秀次身邊擔任「宿老」的山內一豐、田中吉政等人不但沒有連坐，反倒得到加封獎賞。而只負責向秀次傳達切腹命令的福島正則竟從伊予十一萬石加封為清洲二十四萬石。石田三成這時不在京都，他到佐竹義宣的領地東海道常陸國（茨城縣）進行檢地，期間剛好是一星期。這一星期中，京都伏見城內到底發生了什麼事？

附帶一提，小瀨甫庵執筆寫《太閤記》時，曾向當時仍在世的大名進行採訪，結果都吃了閉門羹。

黑田長政（黑田官兵衛的長子）的家臣有意接受採訪，並願意提供「黑田武功傳」資料給小瀨甫庵，趁機宣傳家門。不料遭黑田長政斥責。黑田長政主張：

「天下好不容易歸於太平，誇耀過去的武功有害無利。倒不如守口如瓶，一切不公諸於世較好。」

九州著名武將立花宗茂的理論是：

「我從不隱瞞自己的行為，過去的行為均公諸於世。我的事蹟自有公論，沒必要為了揚名而特地講述。」

這大概是戰國武將的氣質吧。害得小瀨甫庵只能參考前人留下的資料或蒐集當時流傳世間的一般說法，結果反倒令《太閤記》成為暢銷作，甚至成為流傳了將近四百年的長銷作。

太閤煞費苦心的臨終安排

秀吉去世前七個月的一五九八年一月，蒲生秀行移封至下野國十八萬石宇都宮，上杉景勝接管蒲生家舊領地陸奧會津。前面說過，蒲生家因秀次的裁定，好不容易才保全領地，但兩年後照樣被移封。

表面理由是蒲生家鬧內訌，江戶時代又出現石田三成為了讓上杉景勝遷至會津，暗地策劃「蒲生騷動」的說法。前者是事實，後者完全是江戶人的臆測。

蒲生秀行是德川家康的女婿，石田三成沒那個能耐去顛覆蒲生家，何況此時負責蒲生家的外交官是淺野長政。真正的幕後理由是豐臣秀吉必須推翻關白秀次生前的裁定，否則豈不白殺了秀次？

這時期，豐臣政權的中樞大名如下：

- 太政大臣：從一位，豐臣秀吉。
- 內大臣：正二位，德川家康，關東二五六萬石，五大老之一。
- 大納言：從三位，前田利家，加賀八十四萬石，五大老之一。
- 中納言：從二位，豐臣秀賴（六歲）。
- 中納言：從三位，上杉景勝，越後九十一萬石，五大老之一。
- 中納言：從三位，毛利輝元，安藝一二一萬石，五大老之一。
- 中納言：從三位，宇喜多秀家，備前五十七萬石，五大老之一。
- 中納言：從三位，小早川秀秋、德川秀忠、織田秀信。

◉ 德川家康／大阪城天守閣珍藏

◆參議：從四位，毛利秀元、結城秀康、丹羽長重。

請注意看五大老的名單，除了上杉景勝，其他大名均和豐臣家有姻親關係。假如我是秀吉，我也會為了兒子秀賴的將來，設法穩住唯一沒有和豐臣家建立姻親故舊關係的上杉景勝。這是蒲生秀行遭移封的另一個真正幕後理由。

兩年前蒲生氏鄉過世時，德川家康保住蒲生家的領地，收年幼的繼任者蒲生秀行為女婿。兩年後，「蒲生騷動」事件發生時，為何德川家康無法保住女婿的領地？正因為秀吉考慮到秀賴的將來，打算徹底實施兵農分離政策，才特地命上杉景勝「不僅家臣，連僕役、家僮都要帶走。唯獨不能帶走任何老百姓」。

《會津陣物語》記載，上杉景勝起初堅決辭退，秀吉卻強迫他移封。

豐臣對蒲生家的聯絡窗口是淺野長政，對上杉氏的外交官是石田三成，兩人必須前往會津監督各種搬家事項並處理後事。這時，上杉景勝不在越後，是直江兼續負責指揮大小事。上杉景勝於三月才回會津。

蒲生秀行移封時，出現眾多浪人。這也難怪，蒲生氏領地縮小至五分之一，不進行縮編的話，絕對養不起這些家臣團。蒲生氏本來就

◉ 前田利家／尾山神社珍藏

是近江人，大部分家臣也是，這些家臣無處可去，石田三成便以高祿收留了十數名同樣是江南出身的武將。換句話說，除了島左近一人，石田三成身邊沒有會打仗的武將。最明顯的證據是這時收留的江南武將，在「關原合戰」時都成為率領兵卒的大將。

同年七月，秀吉病情惡化，留下遺言。德川家康的御醫板坂卜齋著作的《慶長記》記載，秀吉的遺言內容是「西國大名待在伏見城，東國大名待在大坂城，雙方合力輔助秀賴公」。《慶長記》又記載，秀吉於此時才訂定五大老、五奉行編制。意思是，秀吉臨死前，為了兒子秀賴的將來，臨時抱佛腳把獨裁政體改為集團指導體制。五大老協議後制定政策，再讓五奉行負責執行。

五大老相當於現代的行政院長（首相），五奉行則是部長。奉行掌管內務行政事務，和當事人擁有的領地石高無關。五大老和五奉行合稱「十人眾」。

五大老的上下關係大致是德川家康、前田利家居最高位。秀吉命家康進伏見城執政，再命前田利家陪同秀賴一起住進大坂城。可見秀吉在病床上應該經過一番苦思，才把家康和西國大名一起塞進伏見城。

前田利家和豐臣秀吉是老朋友，以兩人過去的關係來看，前田利家絕對不會背叛豐臣家，

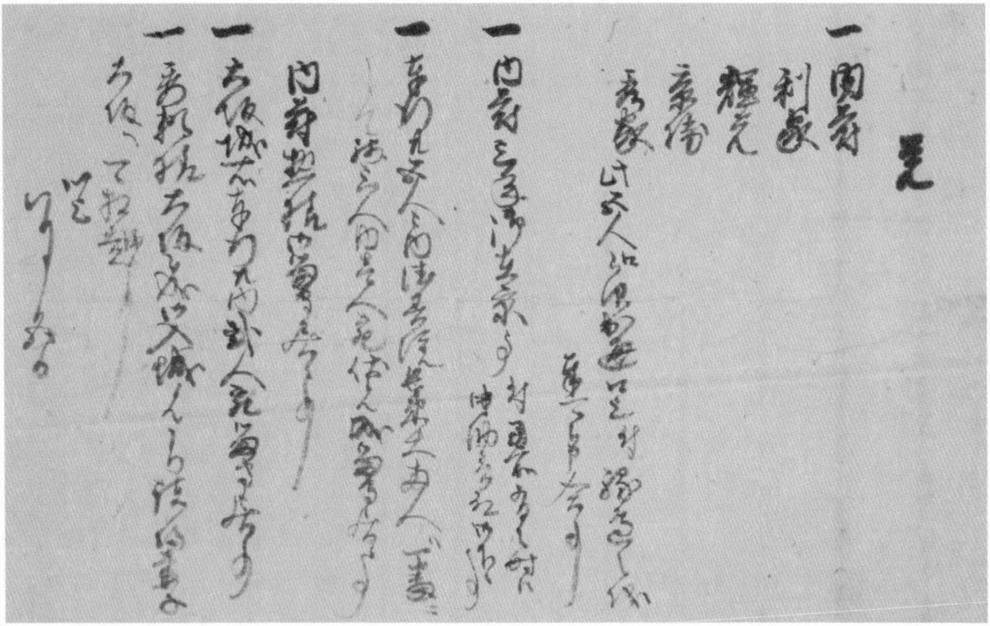

◉ 豐臣秀吉遺書概要

讓他管東國大名並保護秀賴確實是最佳方案。德川家康是東國大名，秀吉卻讓他進伏見城管東西國諸大名。如此一來，既不用擔心家康和東國大名聯手企圖改朝換代，也不用擔心西國大名不聽指揮。

秀吉遺言總計十一條。

第一條便囑咐，家康必須收秀賴為女婿。有關這點，家康五年後履行了，讓孫女千姬（江戶幕府第二代將軍秀忠的女兒）嫁給秀賴。

第二條是給前田利家。

有趣的是第三條和第四條，分別留給德川秀忠和前田利長。秀忠是家康的三子，亦是秀賴將來的岳父；前田利長則是前田利家的第二代。

這兩條遺言寫在前頭，表示秀吉在病床上已經有世代交替的構想。他命德川秀忠成為秀賴的岳父，再讓前田利長就任中納言，並加俸十萬石。

第五條留給猶子（乾兒子）宇喜多秀

◉ 宇喜多秀家／岡山城天守閣珍藏

家；宇喜多秀家亦是前田利家的女婿。

第六條留給上杉景勝和毛利輝元。遺言中說兩人都是耿直之人，希望能合力輔佐秀賴。

第七、第八條留給五奉行，吩咐五奉行擔任「遺言執行監視人」。

第九條至第十一條留給所有人。

先說明一下，以德川家康這時的武家「家格」，再如何努力也無法爬至關白地位，只有秀賴有資格當關白。只要秀賴平安無事活到某個年齡，自然能登上關白地位，到時候便能站在德川內大臣和前田大納言的頭上。

病床上的秀吉大概做夢也沒想到，朝廷於日後會恢復幕府「征夷大將軍」官位，不但讓德川家康登上武家身分門第的最高位，更讓他獲得公卿貴族階級最高位的「源氏長者」封號。

簡單說來，豐臣政權時代是東西一統，秀吉獨攬大權。但秀吉臨死前，考慮到兒子秀賴的將來，故意把好不容易才統一的天下分割為五個統治區，形成集團指導體制。

◆東國關東地區：德川家康。
◆東國奧羽地區：上杉景勝。
◆五畿（西國京城）：五大老、宇喜多秀家。
◆北國（北陸）：前田利家。
◆西國（本州西南部中國地方、四國島、九州島）：毛利輝元。

其中，前田利家已經六十歲，德川家康也年屆五十，秀賴僅六歲……站在秀吉的立場，自然會把兒子的將來託付給下一代的德川秀忠和前田利長。

秀吉在一五九八年八月十八日（舊曆）過世。五奉行商議後，決定不訃告，只讓增田長盛悄悄護送棺材至京都東山埋葬。

德川家康於翌日才收到消息。通告者正是石田三成。

這時的石田三成和德川家康並非對立關係。

大坂城山雨欲來

秀吉過世後第十天，石田三成和其他三名五奉行即要求毛利輝元提出誓文，內容是「絕不背叛秀賴」之類的宣誓。五奉行之一的淺野長政被踢出圈子。

這應該是「關原合戰」的雛形。

十二月上旬，在朝鮮負責殿後的最後一批侵朝軍小西行長、島津義弘總算平安無事歸來。這時，加藤清正、黑田長政、鍋島直茂等人已抵達日本。

島津義弘的撤兵作戰策略完美無缺，歸國後，破例得到五萬石獎賞，並升任從四位參議（宰相）。兒子忠恒升任從四位少將。島津義弘隨即隱退，島津家當主由兒子忠恒接任。

除了島津氏有獎賞，其他渡海侵朝的西國大名和武將均處於「奉公」立場，必須自己負擔戰費。侵朝戰爭長達七年，西國大名和武將不但沒有任何酬勞，某些大名在豐臣政權時代甚至遭處罰。

所有侵朝軍都回國後，發生兩起訴訟事件。

◉ 島津義弘／島津家珍藏

石田治部少輔三成
小早川隆景
徳川家康公
前田利家
小西摂津守行長

◉ 朝鮮征伐大評定圖／月岡芳年

其一是黑田長政、加藤清正等人控告小西行長；另一是小西行長等人控告加藤清正違反軍律。這些恩怨都在朝鮮結下，在此略過不提。

總之，侵朝戰爭問題令豐臣政權舊臣分為兩派。

反石田三成派：加藤清正、黑田長政、蜂須賀家政、藤堂高虎。

親石田三成派：小西行長、島津義弘、寺澤廣高。

不過，這些大名畢竟不是庶民小家庭的一家之主，即便分為兩派，也非單純的「武官派對文官派」或「尾張派對近江派」之類的兩極化派系，彼此仍以自家領國或家門利益優先。

翌年一五九九年一月上旬，前田利家伴隨秀賴進入大坂城，家康繼續留在伏見城行政。一月下旬，家康以外的大坂城「十人眾」派使者前往伏見城，詰問家康擅自聯婚的理由。

秀吉過世後，家康即強行締結三組婚事。不但讓伊達政宗的女兒嫁給德川家六子松平忠輝，也分別讓福島正之（福島正則的長子）與蜂須賀至鎮（蜂須賀家政的長子）迎娶家康的養女。此舉不但有違秀吉政權戒律，而

◉豐臣大坂城／大阪城天守閣珍藏

且明顯可以看出家康以聯婚手段積極開拓德川派地盤。

大坂城詰問伏見城的消息傳出後，家康的家臣本多忠勝、井伊直政等人隨即率兵趕往京都伏見，如臨大敵守住家康宅邸。加藤清正、福島正則、藤堂高虎、大谷吉繼、京極高次等大名也趕往伏見助陣，其他大名則聚集在大坂前田宅邸。雙方陷於一觸即發的緊張狀態。

二月上旬，「十人眾」與家康總算和解，彼此交換誓約，再度確立集團指導體制。換句話說，這時的德川家康還未取得執政權，發公文時必須「十人眾」集體連署才能成立。

時間稍微往前推，同年一月，宇喜多秀家領國鬧內訌，鬧到差點在大坂市街演出巷戰。調解人原為大谷吉繼和家康的家臣榊原康政，卻沒個好結果，兩人都遭家康痛斥。

《慶長記》描述，「刑部少輔（大谷吉繼）是老交情，（家康）時常向他徵求意見，自此以後，不再往來。刑部少輔會成為敵方（關原合戰），聽說是此時的積怨。」

宇喜多秀家是五大老之一，也是關原合戰西軍的主力軍，卻因是敗者，相關資料在江戶時代全被抹滅。現代日本有不少地方史家正在研究「宇喜多騷動」的來龍去脈，我個人對宇喜多秀家也很感興趣，以後有機會再詳述他的事蹟。

總之，德川家康介入「宇喜多騷動」，令眾多宇喜多第一代家臣紛紛離去，導致宇喜多氏的軍事、政治力量走向衰落。

同年三月，島津氏也起內訌。內訌理由及背景都很複雜，同樣經德川家康插手後，島津家臣團也分崩離析。請注意，宇喜多秀家是豐臣秀吉的乾兒子，亦是前田利家的女婿，在五大老之中年紀最輕，和石田三成交情不淺；島津氏則是明顯的石田三成派。宇喜多氏和島津氏均是力量非同小可的大名。

自從侵朝軍平安無事歸國後，不到三個月就鬧出這麼多大事。每件事都由德川家康扮演調解人或審判者，結果都以內部家臣瓦解收場。

在這種紛亂的大環境下，前田利家於二月底

◉ 石田三成畫像／石田家珍藏

帶病前往伏見拜訪德川家康。兩個月前，前田利家還派使者前來詰問家康擅自聯婚的理由，家康以「健忘」為由敷衍了事；兩個月後，利家親自來訪，理由是「今世的辭別」，並和家康和解。三月上旬，家康前往大坂探病，利家撐起精神和家康會面，並拜託家康「務必照顧利長（前田家長子）」。

豐臣秀吉臨死時，拚命拜託眾人照顧秀賴，前田利家過世前也光顧著自家兒子的事。就這點來說，德川家康也一樣。家康過世時，江戶幕府已成立，長子德川秀忠是第二代將軍，按理說，家康應該可以放心嚥下最後一口氣。但《德川實紀》描述，家康留給秀忠的遺言是：

「只要有人不聽從你的命令，不管對方是同族或譜代大名，你都必須立刻率兵前去趕盡殺絕。」

前田利家和德川家康都歷經織田信長、豐臣秀吉倒台的過程，難怪臨終之際都擔憂自家兒子會走上同一條路。

閏三月三日，前田利家過世。

利家一死，侵朝七將立即發起行動，企圖殺害石田三成。七將是加藤清正、黑田長政、福島正則、池田輝政（四人都是家康的女婿），以及淺野幸長（「秀次事件」時遭連坐，家康伸出援手）、細川忠興、加藤嘉明（某些史料還加入藤堂高虎、蜂須賀家政兩人）。

這些人在侵朝戰爭期間積存了一大堆舊恨，卻因秀吉過世，利家也去逝，無處可洩恨，乾脆把帳算在石田三成頭上。另一點是利害得失。前田利家死後，誰都看得出權力將聚集在德川家康手中，利家的家臣記述，他們襲擊石田三成的真正目的是想向家康邀功。

事件發生時，光是加藤清正和黑田長政兩派人馬就有三千名步槍隊，何況兩個月前的「宇喜多騷動」早已鬧得整個大坂人心惶惶。

大坂是秀賴的居所，石田三成不能在大坂鬧事。身在京都伏見的佐竹義宣得知消息後，馬上派重臣和親族趕往大坂搶救石田三成，自己也隨即動身前往大坂。

佐竹義宣讓石田三成坐女轎，一路護送轎子至京都伏見城內的石田宅邸。伏見城算是豐臣政權官廳，五大老和五奉行的宅邸都在城內，石田宅邸位於西丸對面。

日本的歷史電視劇或小說在描述這段劇情時，很喜歡說石田三成逃進伏見城內的德川家康宅邸。七將追到家康宅邸，要求家康交出石田三成，家康不答應，救了石田三成一命。這樣描述比較有看頭。

但實際情形呢？七將根本無法率兵衝進伏見城。就算七將都是親家康派，伏見城內另有上杉景勝、毛利輝元、宇喜多秀家三名大老。擅自「闖關」會被冠上叛逆罪名，侵朝七將只能圍在城外叫囂。

石田三成和其他五奉行商議之後，託小西行長、寺澤廣高前往伏見城內的毛利輝元宅邸，託毛利輝元從中調解。毛利輝元留下的古文書信資料《輝元書狀》中，有幾封信詳細說明了此事件相關者的立場和意見。其中有幾點很有趣。

◆石田三成建議毛利輝元回尼崎佈陣安營。

◆小西和寺澤說，「彼方」（七將）控制了大坂城，禁止「此方」（石田派）出入。

◆五奉行之一增田長盛表示，三成若不抽身引退，事情大概無法收拾。

◆輝元本身的意見是，大坂城的小出秀政和片桐且元都是「內府（家康）方」。

（請注意毛利輝元的用詞：七將是「彼方」，毛利和石田是「此方」，德川家康是「內府方」）。看來毛利輝元此時還沒有視七將為德川家康派，七將仍是前田利家派。）

◆大谷吉繼說，支持三成有害無益。

◆石田三成和增田長盛表示，凡事都將依據上杉景勝和輝元的決定而跟隨到底。

（這一點非常有趣，證明了石田三成並非「關原合戰」策動人。）

總之，各人有各人的見解及立場，政局非常混亂。

擁護石田三成的毛利輝元親自出馬和德川家康交涉。家康受委託也出面調解。結果，石田三成被迫隱居佐和山城，終生不能干預政事。

輝元在信中道：「三成似乎很氣餒。我看了他寄給惠瓊的信，傷心得落淚。」

侵朝七將最想復仇的對象其實不是石田三成本人，而是三成的妹婿福原直高。福原在侵朝戰爭時擔任「軍監」，豐臣秀吉依據福原的報告書，處罰了小早川秀秋等人。福原這時在豐臣秀賴身邊服侍，領地是豐後（大分縣）十二萬石。

閏三月十九日，德川家康終於推翻豐臣秀吉生前的原裁判，重新以五大老連署方式為加藤清正等人洗冤定案。連署人排名順序是德川家康、宇喜多秀家、上杉景勝、毛利輝元、前田利長。

前田利家於閏三月三日剛過世，兩個星期中就發生這麼重大的事件，可見侵朝大名和眾武將積恨之深。連署人名單中有前田利長，應該是繼父親之後升任五大老之一，但名次排在最後。德川家康排首位，表示已實質掌握政權。

十月上旬，家康進大坂城執政。

這一年石田三成四十歲，德川家康五十七歲。

各自盤算的結盟締約

石田三成垮台後，豐臣政權五大老勢力派系產生變化。宇喜多秀家失勢，只剩毛利輝元能和家康對抗。但毛利輝元看似已屈服家康，沒能保住石田三成，因此第三勢力逐漸抬頭。

朝鮮王朝中期官員姜沆，於一五九七年被虜

◉ 加藤清正／勸持院珍藏

到日本，在京都伏見度過將近三年的日子。姜沆是儒學者，在日本雖是俘虜身分，卻過得很自由，宅邸內不但有家僕奴婢，也可以和朱子學僧侶及大名進行交流。在這三年期間，他將自己在日本所聞所見寫成書信寄回朝鮮，日後結集為《看羊錄》。

《看羊錄》某些內容顯然因彼此文化不同而有誤解，但姜沆不愧是儒學才子，客觀記下日本當時的風俗人情，而且因交遊關係，連當時的複雜政情也分析得有條有理。

在姜沆眼裡，加藤清正是邪惡大名，起初慫恿家康攻打石田三成，家康和三成和解後，便企圖殲滅家康並分割家康的領國。《看羊錄》記載，盤算打倒家康的人是加藤清正、前田利長、宇喜多秀家和淺野長政、淺野幸長父子。

簡單說來，九名五大老、五奉行已經分裂為三派。

- 東國：德川家康。
- 西國：毛利輝元、宇喜多秀家、增田長盛、前田玄以、長束正家。
- 北國：前田利長、上杉景勝、淺野長政。

八月，侵朝諸武將要求回國。離開領國太久，眾人開始擔憂自家國內政情。毛利輝元、上杉景勝、前田利長也踏上歸途。

隱居佐和山城的石田三成毫無動靜。但《看羊錄》描述，家康命石田三成堵住前田利長上京的路線，嚴加防備近江要害之處。而且前田利長暗地和上杉景勝締結盟約。

假若《看羊錄》記載無誤，這表示石田三成是親家康派。《慶長記》則描述，家康派家臣前往佐和山城探望石田三成，石田不但殷勤接待，翌日更親自送客至城門，還送了一箱豪華禮物。

《看羊錄》和《慶長記》都記載，石田三成在佐和山城為家康做好東山道、北陸道的防備，假想敵是北國派。

如果光看「關原合戰」的結果，大部分現代人都會認為石田三成隱居佐和山城後，始終視德川家康為敵。不過，政局既然如此混亂，眾大名難免三心兩意，朝秦暮楚。看看現代的政治家就能明白此道理，離黨、復黨、再離黨另設新黨……昨日的敵人，今日的朋友。舉例來說，淺野長政明明是家康派，卻變成北國派。

前田利長企圖暗殺德川家康的事件雖沒有任何證據，卻也足以令前田利長派還未成型便在空中解體。

五大老中，毛利輝元和上杉景勝都回國了；五奉行中，石田三成和淺野長政退出。中央政府只剩德川家康和其他三奉行。

北國派中，前田利長在和德川家康正式交鋒前就送出母親當人質，降伏於家康。淺野長政被幽禁在甲斐府中。剩下的上杉景勝獨行其道，在領國築城、架橋、修路、大量僱用浪人、大量收購武器……之後便發生著名的「直江狀」事件。

根據《看羊錄》，秀吉命上杉景勝移封會津是敗筆。越後是上杉謙信的領國，對景勝來說是聖地，越後領民也都很崇敬景勝。秀吉命上杉景勝遷移領國，等於強迫一家人生離死別。

秀吉過世後，前田利長和家康不和。上杉景勝回領國後，和利長訂下密約打算奪回越後。越後新領主堀秀治向家康求救，家康也擔憂景勝趁勢攻進關東，再三命景勝上洛，但景勝不服。

以上是《看羊錄》作者姜沆的看法。當局者迷，局外者清，或許身為外國人的姜沆看得最清楚。家康自己也說過，上杉家累代是「坂東大將」。

景勝的同盟者是常陸國的佐竹義宣。景勝一心想回越後，義宣也想回被秀吉沒收再封給家康的宇都宮，兩人都想回故鄉，目的一致，因而聯手。

◉「關原合戰」戰場陣地，三百年後依然是戰國同好遙想當年的舞台

伊達政宗和最上義光則是因「秀次事件」，被剝奪了世代承襲的「奧州探題」和「羽州探題」門第，才會暗地和上杉景勝結下密約。換句話說，北國大名沒有奪取天下的野心，他們只是想收回故土或恢復家名門第。

《看羊錄》又描述，新興大名的家臣以利為重，很容易見風轉舵；但舊守護的戰國大名非常團結，忠誠心很強。

豐臣秀吉政權的人都是新興大名，東國和北國則是傳統守護，都是在當地住了幾百年的世家。豐臣秀吉可能不明白東國以北的地方人情風俗，才會把人家連根拔起地換來換去。

《看羊錄》有一張當時的地圖，關東至九州的地理位置和現代差不多，但關東以北寫成「蝦夷地」，北海道寫成「蝦夷島」。這張地圖的地名正顯示出戰國時代人的觀念，當時的人認為關東以北都是未開化的「蝦夷地」。

自古以來，日本的東國和西國本來就不是同一個政權。何況東國人是豐臣秀吉時代才被莫名其妙地東西一統，之後又被迫東遷西徙。秀吉過世後，北國人想獨立也是人之常情。

既然要獨立，就得恢復「關東管領上杉家」的東國政權。只要把德川家康趕出關東，一切都會恢復原狀。這是東國人的心願。就這點來說，德川家康因從小就當了人質，對故鄉沒有概念，比較不懷舊。

德川家康的領地是二五六萬石。北國這方，上杉景勝是一二〇萬石，佐竹義宣是五十五萬石，伊達政宗有五十八萬石，最上義光是二十四萬石，合起來總計二五七萬石，足以和德川家康抗衡。

倘若東國政權能夠獨立，讓上杉景勝到江戶當關東管領，伊達政宗守在會津，佐竹義宣回宇都宮，最上義光恢復「羽州探題」門第，對東國和北國人來說才算結局圓滿，可喜可賀。

如此算計一下，便能明白「直江狀」並非意氣用事。

不過，直江兼續和石田三成之間毫無牽連。電視劇或小說描述石田三成和直江兼續訂下密約，企圖夾擊德川家康的說法是後人創作的劇情。「關原合戰」之前，三成頻頻發信給真田昌幸，詢問上杉景勝的動向，這些書信正足以證明石田三成於事前根本摸不清北國的企圖。

一六〇〇年六月，家康率領官軍自大坂啟程。八歲的秀賴親自在大坂城城門送行，並發下兩萬石稻米和兩萬黃金充當軍費。

德川家康大概判斷五畿、西國、北國已沒有任何大名敢和他正面衝突，遂以「征伐會津」為由，打算模仿豐臣秀吉的「小田原遠征」來一場軍事演示，測試全國大名的忠誠度。秀吉正是以此方式於事後進行大規模的論功封賞。

家康行動慎重，他應該經過一番分析思考才決定離開大坂遠征會津。在這個階段，石田三成仍無舉兵跡象。

這期間，大坂應該很混亂。因為這回是中央政權出兵之舉，所有西國大名都必須率兵聚集在大坂，再跟隨家康東行。混亂規模和之前的「宇喜多騷動」或「石田三成騷動」有雲泥之別。

各地大名的軍隊不但可以公然齊聚一堂，而且各條街道都為了遠征而整備得十分完善。另一點很重要，所有遠征軍並非同時出發，有先遣部隊、主力軍、後援部隊等，出發日期都不同。

大規模的軍事行動會形成一種「颱風眼」現象，外圍滿城風雨，中心部位反倒類似真空狀態，無風也無雨。

「打倒德川家康」計劃正是在這種情況下應運而起。

滾滾歷史濁流中的一道清流

石田三成到底於何時開始策劃「打倒德川家康」呢？這點無從查證。石田是敗者，即便德川家康無意抹滅石田家的資料，其他在「關原合戰」僥倖存活的大名或武將也會為了和敗者撇清關係，於事後湮滅所有相關證據。現存的石田書信都是真田家代代留下的貴重史料。

我們先來考證石田三成生前的作為。

石田是個清廉官吏，不但沒有擴大領地的野心，亦缺乏積蓄錢財的私慾。日常生活簡樸，所有錢都花在公事。雖然他是豐臣政權的五奉行之一，但是秀吉制定的體制不完全。諸大名中，只有秀吉的獨生子秀賴有資格繼承關白地位；五大老也是世襲制度，因而前田利家過世後，嫡子利長可以繼任。

然而，五奉行呢？五奉行是能力主義制度，只限一代，不能父子相傳。何況石田已遭罷官，即便為家康做牛做馬，只要加藤清正等「反三成派」仍在家康身邊，石田就永遠不能翻身，嫡子重家也就無法出人頭地。

豐臣秀吉、前田利家、德川家康等大人物於臨死前都只關心兒子的將來，石田三成應該也不例外。再說，石田家毫無後盾，亦缺乏能在日後拉拔兒子重家的有力親戚。

只有樹立新政權，石田家才能重見天日。而樹立新政權的事情太重大，光靠石田三成的力量，不可能獨當一面。

依據各種江戶時代的史料，西國蜂起計劃的主謀者是毛利輝元、安國寺惠瓊、石田三成。毛利輝元是五大老之一。安國寺惠瓊是伊予六萬石僧侶大名，另有一萬石寺院領地，是豐臣政權和毛利氏之間的外交僧。就三人的軍事能力和地位看來，即便石田三成是提案人，石田也無法站出來大聲疾呼「打倒家康」。

◉ 毛利輝元／毛利博物館珍藏

蜂起計劃應該是德川家康離開大坂後的六月下旬至七月初匆匆定案。

毛利輝元於七月十六日抵達大坂，德川家康於七月十九日在江戶收到緊急報告，並派人送抄本給前往宇都宮的先鋒隊大將德川秀忠。但是，德川家康此時收到的報告是「石田三成和大谷吉繼共謀」，還沒收到毛利和宇喜多也加入的消息，才會於二十一日繼續率兵北上。

當時從五畿寄書信至江戶，大約須花兩星期才能抵達，至會津上杉領地則須三星期。如此看來，留在大坂的德川家臣是六月底才察覺事態不妙。

毛利輝元入大坂後，翌日即發出「家康彈劾狀」給西國諸大名。彈劾內容總計十七條，連署人是五大老之一的毛利輝元和宇喜多秀家，其他是剩下的三名五奉行前田玄以、增田長盛、長束正家。因是公式文書，彈劾狀沒有石田三成的名字。

以毛利輝元為主將的「第二豐臣政權」於十

七日發出「家康彈劾狀」，副將宇喜多秀家在十八日即率兵包圍伏見城。身在東國江戶城的家康根本無法得知西國的動向。家康抵達下野國小山後才收到「開戰迫在眉睫」的報告。

家康離開大坂之前大概已預測到石田三成可能會舉兵，但做夢也沒想到二大老毛利輝元、宇喜多秀家和三奉行也加入陣容。

現代人因為已知道「關原合戰」的勝負結果，也知道東軍和西軍的大名武將是誰，繼而從「戰果」去分析舉兵理由及勝負原因。但當時應該很混亂，西國不知道東國的狀況，更不清楚北國的上杉景勝和伊達政宗等人到底正在進行何事。最混亂的應該是德川家康，他夾在中間，完全不清楚西軍的規模，也不知道西國到底有哪些大名和武將參與西軍。

這正是德川家康自下野國小山回到江戶城後，窩在城內發出一百五十餘封書信的理由。

真田昌幸也留有寄給石田三成的書信，署名日期是七月二十一日。內容是責怪石田三成於事前沒有通知西國將舉兵的消息，導致他們亂了手腳。石田三成則於三十日寄出道歉信，內容提到「年底至翌年春季將派兵前往關東討伐家康」。

這時的石田三成似乎沒想到家康會半路折返和西軍交戰。或許西軍大名都認為東西合戰將長期化。

「關原合戰」的戰況以及東、西軍諸大名武將的複雜內情足以寫成一本書，在此就略過不提。

總之，西軍敗給東軍，石田三成頂著罪魁禍首的惡名，同小西行長、安國寺惠瓊於京都六條河原被處斬。

然而，石田三成是否真為「關原合戰」的禍首呢？

當時的外國傳教士看到此光景，覺得很奇怪，在寄回故國的書信中寫道：「治部少輔（石田三成）排在最前列，宛如他是同盟軍的首謀兼大將。」

朝鮮使節的記錄也提到石田三成只是首謀毛利輝元的屬下。

◉ 石田三成在六條河原刑場被處刑

◉ 石田三成遊街示眾圖

日本歷史學者笠谷和比古在其著書《關原合戰》中描述，家康於戰後進大坂城時，搜出眾多毛利輝元是首謀的書信證據。只是，家康故意原諒了毛利輝元、南九州薩摩的島津氏，把罪名全推到石田三成身上，並毀掉所有與石田三成有關的文書、文獻和肖像，讓石田三成永遠失去辯解的機會。

石田三成大概也明白大名與大名之間的微妙力量關係，更深知自己頂下了所有罪名，卻不加辯解也不求饒。披枷帶鎖在大坂或京都遊街示眾時，始終從容不迫。

《名將言行錄》記載，石田三成在六條河原刑場，依舊處之泰然，並向圍在四周嘲笑的人說：

「我率領大軍發動一決天下雌雄戰是事實，只要天地不破裂，此事絕不會不為人知。我對得起自己的良心，你們又何必嘲笑我呢？」

石田三成說得沒錯。

儘管德川家康和「關原合戰」敗者聯手湮滅石田三成的一切，仍隱藏不了「關原合戰」的事實。

當朝的勝者，不一定能成為歷史的勝者；歷史的敗者，也不一定會遺臭萬年。

石田三成在這世上雖只活了四十一年，卻在滾滾歷史濁流中留下一道清流。

國家圖書館出版品預行編目（CIP）資料

戰國日本II：敗者的美學／茂呂美耶著. -- 初版.
-- 臺北市：遠流, 2012.05
面； 公分. --（日本館・潮；58）
ISBN 978-957-32-4975-5（平裝）

1.戰國歷史 2.日本史

731.254 101006546

日本館・潮 J0258

戰國日本II

敗者の美学

作　　者｜茂呂美耶
圖片提供｜茂呂美耶
企劃主編｜吳倩怡
執行主編｜林淑慎
特約編輯｜陳錦輝
美術設計｜林秦華

發行人｜王榮文
出版發行｜遠流出版事業股份有限公司
100臺北市南昌路二段81號6樓
郵撥｜0189456-1
電話｜2392-6899　傳真｜2392-6658
著作權顧問｜蕭雄淋律師
2012年5月1日　初版一刷
2016年3月1日　初版二刷
售價新臺幣350元（缺頁或破損的書，請寄回更換）

ISBN 978-957-32-4975-5

YLib.com 遠流博識網
http://www.ylib.com　E-mail: ylib@ylib.com

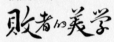